JN008815

ゴルフ
世界の主流シャローイング

トッププロが実践している新スイング

NAGAOKA 長岡良実 YOSHIMI

河出書房新社

シャローイングは世界のスイングの常識

シャローイングは
スイングにおける絶対条件である。
シャローとは
インパクトに向かって
クラブヘッドが浅い角度で下りること。
シャローイングは、
ダウンスイング時にクラブを寝かせ、

ボールに対して浅い角度からアタックすること。
インサイドからアウトサイドに
振り抜くためシャローアウトともいう。
昨今、進化形シャローイングを
いち早く取り入れた、
アメリカのプレーヤーが大躍進。
世界と日本の差が一気に開いた。
その差を縮めようと、
日本のプロや指導者が
スイング改造に
着手しているのが目下の状況だ。

はじめに

みなさん、こんにちは。プロゴルファーの長岡良実《ながおかよしみ》です。このたび、はじめての著書を上梓《じょうし》させていただくことになりました。

本書のテーマ、シャローイングは新しいスイングテクニックではありません。ただ、**これまで世界のゴルファーが常識的に行ってきたのに対し、日本ではあまり取り上げられなかった事柄。**スイング習得における盲点だったといってもいいでしょう。

取り上げられなかった理由は本編で述べますが、これは日本のゴルフ界、とりわけアマチュアゴルファーにとって大問題でした。**世界の主流であり、今や常識化しているシャローイングを素通りして正しいスイングを習得するのは不可能だからです。**

プロはシャローイングできていますが、私を含めた日本人プロの多くは、先輩の教えに従ってひたすらボールを打ち、体でスイングを覚えてきました。そう考えると、シャローイングできた人がプロになれ、できなかった人はなれなかった、といっても大げさでない。

クラブという道具を使う以上、その機能を引き出すには守らなければならないルールがあるわけで、その重大要因がシャローイングだということです。

この本ではシャローイングを入り口にスイングを構築します。それが遠回りせずに正しいスイングを身につける方法だからです。

プロはみなこのルールを守っていますから、みなさんのお手本になりますが、プロの場合はバックスイング、ダウンスイングの双方がオンプレーンに見えるプレーヤーが多く、逆にシャローアウトしていても、バックスイングとダウンスイングのギャップが大きいと変則的と見られる傾向があります。

一般的にオンプレーンに見えるほうがきれいでシンプルなスイングに思えるため、アマチュアの方は、たとえばアダム・スコットやジャスティン・ローズの見た目を真似するかもしれません。しかし、それだとなかなかシャローアウトしません。このギャップを埋めるのも本書の役目だと考えています。

本編では**シャローイングの身につけ方を、おもに上半身と下半身に分けて解説していますが、そこではかなり大げさなフォームで説明しています。**理由は2つ。わかりやすくするためと、大げさにやることが簡単に直す方法だからです。実際、私もそうやって練習しているので、みなさんも練習では大げさに動くよう心がけてください。でないとラウンドではすぐ元に戻ってしまいます。

そのせいもあり、スイングの完成形は私が説明に用いているフォームにはならないかもしれません。でも、そこは気にせずに。形ではなく結果を重視していただければＯＫです。

付け焼き刃的な内容でないぶん、難しく感じる部分があるかもしれません。しかし、ひとたび身につければこの先ずっとゴルフを楽しめますので、ぜひチャレンジしてください。

長岡良実

ゴルフ 世界の主流 シャローイング

トッププロが実践している新スイング

CONTENTS

第1章 シャローイングとその重要性

第2章 シャローイングを促すスイングの基本

第3章 シャローイング「上半身の動き」

第4章 シャローイングの「下半身」

第5章 シャローイングの注意点

第6章 シャローイングのトラブルシューティング

第1章

シャローイングと
その重要性

シャローとはクラブヘッドが浅い角度で入ること

シャローとは英語で「浅い」という意味です。スイング用語のシャローは、インパクトに向かってクラブヘッドが浅い角度で入る＝ヘッドの入射角が鈍角であること。

シャローイングとは、ダウンスイング時にクラブを少し寝かせ、ボールに対して浅い角度（低いところ）からアタックしていく、という意味になります。

反対に、ダウンスイングからインパクトで、クラブヘッドが鋭角的に急角度でボールに向かう状態をスティープといいます。もともとは「高くそびえ立つ」といった意味ですが、転じて急傾斜や急坂という意味で使われはじめたようです。

ともにアメリカでは昔からスイング用語として普通に使われていますが、スイング後進国の日本ではあまり使われませんでした。

スイングの構築過程において「クラブを立てる」という表現が頻繁に使われてきた日本。そのためクラブを寝かせるニュアンスが含まれるシャローというワードは、影を潜めていたのかもしれません。

日本ではもっぱら、シャローはクラブヘッドが下めから入ること、スティープは上めから入ることと理解されているようですが、イメージが正しく共有できていれば、それでも

クラブが浅い角度で入るのがシャローイング

■ シャローとは？／シャロー（Shallow）は「浅い」という意味。シャローイングとはダウンスイングでヘッドが浅い角度（鈍角）でボールに向かうことを意味する

スティープに振ると正確性が落ちる

■ スティープとは？／シャローとは反対に、ダウンスイングからインパクトで急角度（鋭角的）にヘッドがボールに向かうことをスティープ（Steep）という。急傾斜や急坂という意味でも使われる

構いません。

プロのスイングはみんなシャローイング

日本では疎遠だったシャローイングですが、日本人であれ、外国人であれ、**プロのスイングはシャローイングしています。**

ただ、これまで私を含めた日本人プロは、どちらかといえばダウンスイングで左に体重移動しつつ壁を作り、やや止まった感じでタイミングを合わせて打つことを重視していました。しかし、近年そのスタイルでは力学的に大きなデメリットがあることが解明されてきました。

シャローイングできてクラブがスイングプレーンに乗っているのでボールを打つことに支障はないのですが、ヨコの体重移動を入れて壁を作り、タイミングを合わせて打つのではなく、**ローテーション（回転）をメインに使うほうが、より飛ばせて方向性もよくなる。さらに、腰を痛めるなど故障リスクも少ないことがわかった**のです。

海外の選手はそれをいち早く取り入れたため、日本との差が一気に開きました。その差を縮めようと、日本の選手や指導者がスイング改造に着手しはじめているのが目下の状況。多くの日本人プロの場合、問題はシャローイング自体ではなく、シャローイングにマッチした体の使い方ができていなかったことだったのです。

とはいえ、シャローイングがすべてのゴルファーにとって必要な条件であることは昔も今も変わりません。

シャローイングできないのはスティープのほうが楽だから

アマチュアの方のスイングに目を向けると、ほぼシャローイングできていません。シングルレベルの方でさえできていないことが多い。**プロとアマチュアの決定的な違いであり、本当の意味でスイングを安定させ、ショットをコントロールできるかできないかの分岐点といってもいいでしょう。**

シャローイングできているかいないかは、**プロとアマチュアの決定的な違いであり、本当の意味でスイングを安定させ、ショットをコントロールできるかできないかの分岐点といってもいいでしょう。**

では、なぜアマチュアの方はシャローイングできないのでしょうか？

答えは簡単で、スティープに振るほうが楽だから。

うまくボールに当てようとしたら、誰もが手をメインに使ってクラブを操ります。それが一番簡単だからです。

また、本能的に早くボールに当てたいと思いますから、クラブを立てながら急角度で下ろすことになります。

スティープは止まっているボールを打ちにいく動き

こうやってスティープになるわけですが、これは紛れもなく、止まっているボールを〝打ちにいく〟動き。スイングに欠かせない連動性が欠如します。

野球でもテニスでも卓球でも、ボールを打つときにはおおむね打つ方向を見ています。飛んできたボールに対して反応する形で打ち返すため、そうなるわけです。

ゴルフでは足元にボールが止まっていますから、正確に当てようとするほど体の動きは止まります。

おまけにスイングを身につける過程で「ヘッドアップするな」「ずっとボールを見続けろ」「体の正面で打て」などといわれるのでなおさらです。

常日頃、体を開きながら打っている野球やテニスのプレーヤーでさえ、ゴルフになると途端に体を止めて打ちにいくほどですから、はじめて練習場に行った人が前述のようにいわれたらひとたまりもありません。スタートでいきなり足を引っ掛けてつまずかされたように、腰も胸も回さずに体を止めて打つことになります。

ダウンスイングで「クラブを立てる」が生む誤解

これまで日本では、トップからダウンスイングでクラブシャフトを立てるようにし、地面に対して直角に近い角度で下ろす、といわれてきました。

確かにこのプロセスでクラブが寝ると、手首の角度がほどけて、いわゆるアーリーリリースになります。

そうならないための「立てなさい」だと思いますが、気をつけなければいけないのは、これがあくまでスイングを正面から見た場合に限定された表現であることです。

飛球線後方から見てダウンスイングでクラブが立っていたら、明らかにスティープになっている。

もし、飛球線後方からのシルエットに対して「クラブを立てろ」といっている人がいたら、それは二次元的な見方をした言葉足らずな指導だと理解するべきでしょう。

かつての私はタテ振りで、ダウンスイングでタメまくり、いかに強く左にスライドするかを追求していました。左に体重移動できるほどいいと思っていたのです。

半信半疑でスイング改造をはじめて5年ほどたち、今もその過程にあります。タテ振りでプロになり、ずっとそのスタイルでやってきたので、時おり昔のクセが出ますが、ダウンスイングでクラブを倒せる運動が入るにしたがって左へのスライド的な動作が減り、ドライバーの方向性がすごくよくなりました。プロなので飛距離にはあまり大きな変化はありませんが、安定感が増したぶん平均飛距離は大幅にアップしています。

■ ボールに当てようとすると手を使う。早く当てたいとも思うのでクラブを急角度で下ろす

「クラブが立つ」のはスイングを正面から見た場合

■ シャローに振ると正面から見てクラブが幾分立った形に見える。飛球線後方から見てダウンスイングでクラブが立っていたらシャローではなくスティープ

■ クラブが寝すぎる（右）、あるいは手首が早いタイミングで解ける（左）のはよくない

シャローイングがもたらすメリット

スティープに振ってもゴルフができないわけではありません。事実、アマチュアゴルファーの多くは、そうやってプレーしています。ただ、飛距離、コントロール、安定感、スコア、プレー寿命など、いろんなことがすぐに頭打ちになり伸び悩みます。

アイアンはなんとか打てるが、いつまでたってもドライバーが打てない、という方が多いと思いますが、これもその典型。

アイアンのように短いクラブなら腕力頼みで打ててしまいますが、ドライバーは当てるだけでは無理。体の動きがクラブと連動しないと打ちこなせないのです。

クラブの機能を生かす絶対条件

スティープに振ると、せっかく備わっているクラブの機能が生きません。

クラブを立ててスティープに下ろすと、フェースが開く方向に力がかかります。大げさにいえば、タテに振るほどバックフェース側がボールに向かっていくような力がクラブに働くわけです（左ページ写真上）。

シャローに下ろしても、クラブフェースが直角に動こうとする力が働くのは同じですが、フェースが閉じようとしますからボールがつ

■ クラブを急角度で振るとダウンスイングではヘッドがヒールから動いてフェースは開いたまま

■ クラブに角度をつけて（＝ライ角に合わせて）寝かせてスイングするとインパクトに向かってフェースが閉じてくる

かまる方向に作用します（前ページ下参照）。

つまり、**シャローイングはL字型のクラブを速く振るための絶対条件で、これはクラブの形が変わらない限り変わらないのです。**

シャローイングすると
フェースがオートマチックに閉じる

ここでひとつ加えておくと、クラブがシャフト角に沿って下りてくればオンプレーンスイングですが、いくらオンプレーンで振れても、ダウンスイングではヘッドがヒールから動いてきます。

そのままではフェースが開いてボールに当たってしまうので、どこかでフェースを閉じなければなりません。

私たちプロは基本オンプレーンで振ってき

オンプレーンではフェースを返す

■ オンプレーンで振った場合、多かれ少なかれ前腕のローテーションでフェースを返さなければならない（スクエアグリップの場合）

たわけですが、実はクラブを下ろしてきたままオートマチックにインパクトを迎えているわけではなく、多かれ少なかれ両腕のヒジから先をローテーションさせてフェースを返していました。

これに対し、シャローイングしてシャフト角より少しズラす、つまりプレーンよりも少し寝かせてクラブを入れると、途端にフェースを閉じようとする運動が入ってきます。**ヘッドが加速しつつ、フェースもオートマチックに閉じてくれるのです。**

ヘッドの移動距離が長くなり ヘッドスピードが上がる

スティープに振り下ろした場合、トップからインパクトにおけるクラブヘッドの移動距

シャローならローテーション不要

■ シャローに振るとフェースが自然にターンするので返す必要がない

離は短くなります。

移動距離が短いということは、いわば滑走路が短いということ。ヘッドが加速するための時間がとれず、ヘッドスピードが上がりません。また、すでに述べたとおり、ヘッドの入射角は鋭角になりますから、ボールにかかるバックスピンおよびサイドスピン量も増えます。これは方向性を不安定にする原因になります。

シャローイングによってクラブヘッドを浅い角度で下ろすには、ダウンスイングでクラブを倒してヘッドを後ろに行かせます。

これができるとヘッドが遠回りしながら下りるので、トップからインパクトにおけるヘッドの移動距離が長くなります。滑走路が長くなるぶんヘッドスピードが上がります。

フェースローテーションが減って方向性がよくなる

また、**後方の低い位置からヘッドが下りてくると、入射角が安定するためスピン量のバラツキが抑えられます。**

さらに、その効果はＲＯＣ（レイト・オブ・クロージャー＝クラブのトゥが開閉する動き）に反映されます。

インパクト時にはギア効果が働き、ヒールに当たるとボールにスライス回転が、トゥに当たるとフック回転がかかりますが、シャローにすることでこの開閉が緩やかになる。そのぶん方向性が安定するのです。

体が先行した状態でインパクトを迎えるボディターンスイングになることも、安定感のアップにつながります。アイアンではハンドファーストになり、ボールに強い圧をかけられるので強いボールが打てる。前述したように**フェースローテーションも少なくなりますから方向性が圧倒的によくなります。**

さらに、**シャローイングは進化したクラブをうまく使う方法でもあります。**

私がゴルフを覚えた頃は、パーシモンヘッドのドライバーと糸巻きバラタボール。ボールを潰して打ちたいのでタメまくっていましたが、今のクラブにはそぐわない。いい道具があるのに使う方法を知らないのはもったいない限り。道具が進化しているのですからスイングも変えないといけません。

おまけに**腰への負担も少ないですから年配の人ほどいい。**今より楽に、体も痛めることなくうまくなれます。

シャローイングがもたらす3大メリット

1 飛距離が伸びる

ダウンスイングでヘッドが鈍角的に低いところから下りる＝ヘッドが遠回りしてくる。ヘッドの助走距離が長くなりヘッドスピードが上がる

2 方向性がよくなる

ヘッドが鋭角的に下りると、サイドスピンやバックスピンが増えて曲がる。シャローイングすると、自然にフェースがローテーションするため方向性が安定する

3 強い球が打てる

クラブの自然な挙動を引き出すので、体主体で振ればクラブの機能が生きる。ボール位置によって番手ごとの理想的なインパクトが得られ強い球が打てる

切り返しでシャフトプレーンと平行までクラブを倒す

何をもってシャローイングができているとするか、といえば、

「トラジショナルムーブ（切り返し）の瞬間にクラブを倒せているか」

この本では、これをシャローイングの定義として話を進めていきます。

理想的には、そこにグランドフォース（地面反力）を使ってスピードアップした回転運動をマッチングさせたいところ。というのも、クラブを倒す場合、手で倒しているわけではなく、足の踏み込みが入ることで倒れるのが正しい姿だからです。

しかし、いっぺんにやるのは難しいですし、シャローイングでローテーションできれば地面反力を使わなくてもきれいにボールを打てるので、ひとまずはシャローイングすることを目標にします。

バックスイングではなるべくクラブを立てておく

アマチュアの方がシャローイングしようとすると、多くの場合バックスイングでクラブを倒しますが、これは逆で、**バックスイングではなるべくクラブを立てておくことです。**

トップの位置でクラブが倒れていると、ダ

切り返しの瞬間にクラブを倒せているか？

■ 切り返しでシャフトプレーンと平行まで倒せればシャローイングできている

■ バックスイングでクラブを立てると切り返しで倒しやすい。倒すことでヘッドを加速させる余地が生まれる

ウンスイングで上から振り下ろす形になってクラブが立ってきます。

　かつてレイドオフが流行ったのは、トップでレイドオフにしておけば、あとは引っぱることでクラブが立つ運動で入りやすくなるので、ちょっとボールがつかまりやすいから。

　アマチュアの方のほとんどは、トップでクラブがクロスし、後半に立ってきてインパクト直前で寝て開く。もしくは打ちにいってクラブが外から下りるオーバー・ザ・トップになっています。

　これを考慮するとレイドオフにしたほうが当たりやすいのは事実ですが、多くの人はトップでクラブを倒そうとすると、バックスイングでインに寝かせてしまうのでインサイドからあおり打つ形になります。

　バックスイングでクラブを立てておけば切り返しで倒しやすくなって、ヘッドを加速させる余地が生まれます。まずは**バックスイングとダウンスイングでクラブの角度にギャップを作るイメージをもちましょう。**

クラブの重心がプレーンより後ろにあればシャロー

　切り返しでどれくらいクラブを倒せばいいかというと、シャフトプレーンと平行まで倒せれば十分。それ以上はかなり大変です。

　厳密にいうと、クラブの重心位置がポイントになります。バックスイングでプレーンと平行に重心を上げてきたときに、切り返しで重心がプレーンよりも後ろにあればシャロー。あるいは、トップの手の位置からハーフウェーダウンまでのハンドパス（手の軌道）に対して重心が後ろにあればシャローイングできている。ハンドパスと揃えばオンプレーン、前側にあればスティープです。

バックスイング、ダウンスイングともにオンプレーンを目指している方もおられますが、これだとトルクが入りません。また、ダウンスイングでクラブが外から下りやすい人には、バックスイングを外に上げる、いわゆるループの動きをやっていただくことがありますが、誰にでも当てはまる処方ではありません。

シャローイングにも バリエーションがある

ループすると、切り返しで左肩が上がりやすくなります。クラブが寝すぎて、下から入るあおり打ちを招くリスクがあるのです。

ループといえばジム・フューリックが有名ですが、彼は前傾姿勢を保ったままクラブを後ろに落とせています。動きが速くてわかりづらいですがローリー・マキロイもそう。ジャック・ニクラウスのスイングはアップライトですが、切り返したときには倒れています。

中にはリッキー・ファウラーのように、バックスイングでレイドオフの状態を作っておき、切り返しからダウンスイングでクラブを立てていくパターンもありますが、これも広い意味でシャローイングのバリエーションだと私は考えています。

要はプレーンに乗せる順序が違うだけで、いろんなシャローイングがあるということ。切り返したときにクラブがプレーンより倒れている、もしくはプレーンと平行であればシャローなのです。

第2章

シャローイングを促す スイングの基本

正しくグリップできるとスイングの軌道もよくなる

スイングは形より動きが大事ですが、正しく動くには、それなりのセットアップが必要。セットアップが適正だと無駄な動きを大幅に省けます。

すでにご承知の方も多いとは思いますが、本題に入る前に、念のためグリップとアドレスについて説明しておきます。

いうまでもなく、グリップは体の中で唯一クラブと接する部分です。手の大きさや指の長さは人それぞれなのでグリップスタイルに制約はありませんが、どんな握り方をするにしても、押さえておかなければいけない共通のポイントがあります。

まずはクラブを「持つ」ことです。当たり前に聞こえるかもしれませんが、アマチュアの方のほとんどは、はじめからグリップを「握って」います。

どこが違うのかというと、たとえばプロは掌底《しょうてい》付近、左手の手のひらの下の膨らみ部分にタコができやすいのですが、これは**その付近でクラブを支えているからです。**

正確にいうと、左手人さし指の関節と掌底付近の2点でクラブを支えるように持ってから、中指、薬指、小指を接触させます。

これに対しアマチュアの方の多くは、いきなり指でギュッと握ってしまいます（左ペー

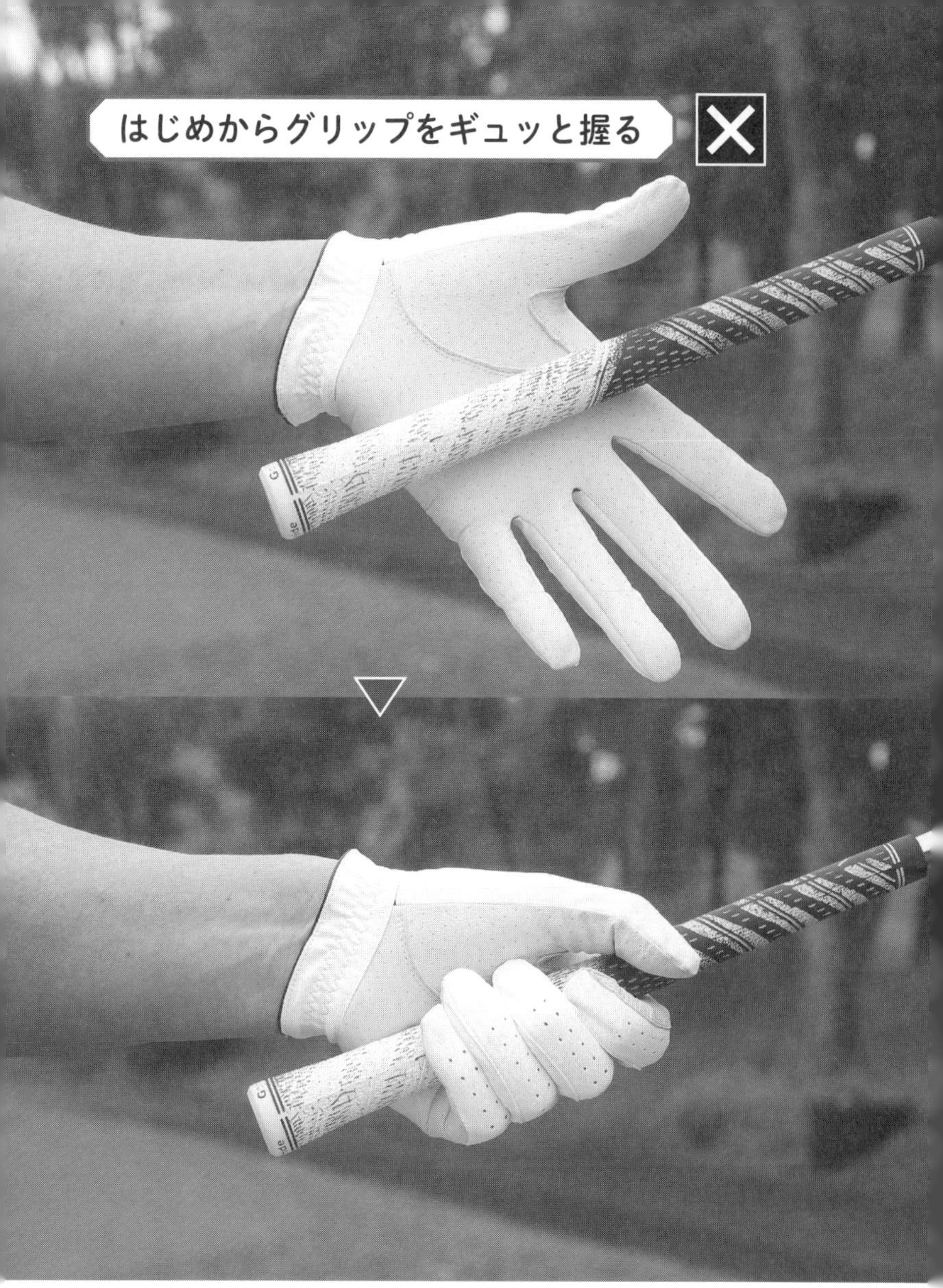

■アマチュアゴルファーの場合、手のひらや指にクラブをのせて、いきなりギュッと握るパターンが多い

左手の２点でクラブを支えてから持つ　○

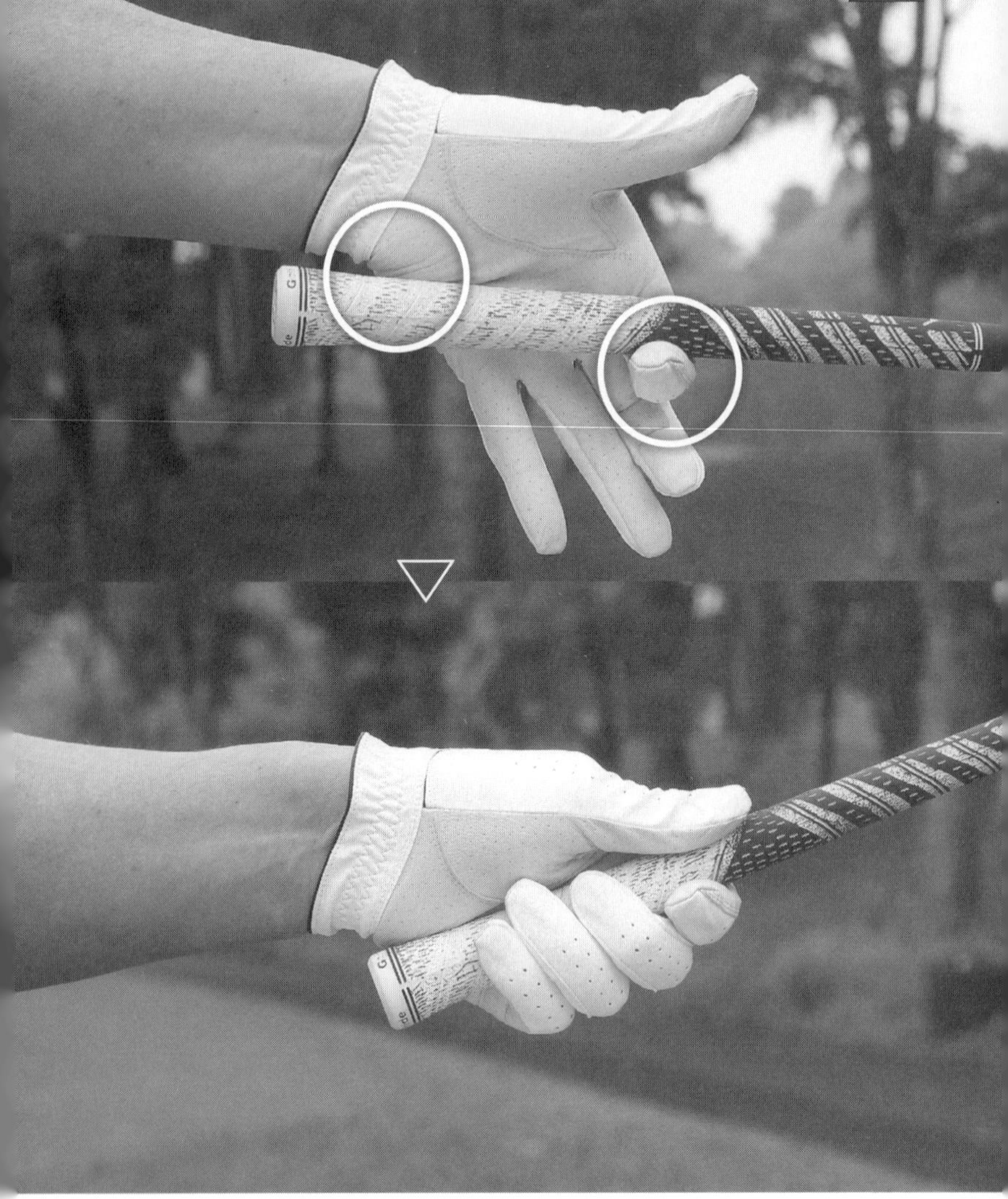

■ まず左手の人さし指の関節と掌底付近の２点でクラブを支えてから、中指、薬指、小指を接触させる

ジ写真参照）。

関節が動きやすく力が入りやすいように持つ

　こうなると手首が固まって動きません。スイングは手首を柔らかく使って行うもの。でないとクラブを速く振れません。

　そして、**クラブのような構造特性をもつ道具を速く振るには、ある程度クラブに任せてクラブの自然な動きを促す必要がありますから、それができるように持たなければならないわけです。**

　クラブの進化に伴って左手をややフックに握るようになったのも、そのひとつの例といえるでしょう。

　円筒形で重心が手の延長線上にある野球のバットなら、どう向いていても飛んでくるボールに当てられますが、クラブにはフェースがあり、しかも重心が手の延長線上にありません。そもそもどんな角度で持ってもいい道具ではないのです。

　そんなクラブのヘッドが大きくなるに従って、角度を保つ必要性が増したと考えられます。

　手首を有効に使うには、関節が動きやすく、かつ力が入りやすいように持てないといけません。特に左手には気を使うべきです。

　右手についてはテニスラケットのように打面に対して手のひらをスクエアに持ちます。左手で持ったクラブに対してヨコからあてがうのが基本。

　このように正しくグリップできるとスイングの軌道もよくなります。

アドレスとは力を引き出すためのお膳立て

ショットがおかしくなってきたとき、いきなりスイングに手をつけるのは、大きな間違いです。

プロもよくショットが不調になりますが、そうなったとき真っ先にチェックするのはアドレス。構え方がスイングに影響を及ぼすことが多いからです。

たとえば目標よりも右を向いてアドレスし、目標に向かってスイングしたら、意図していないのにカット軌道になります。これはアドレスの向きだけ修正すれば直ります。

こういったことに気づかず、いきなりスイングに手をつけて、にっちもさっちもいかなくなるアマチュアゴルファーがとても多い。アドレスはそれだけ重要なので、慎重に取り組まなければいけない分野です。

ここではおもにアドレスの形を紹介しますが、力を引き出せるお膳立てをすることがアドレスの基本であり最重要ポイントです。

体型や手足の長さが影響するので個々に最適なアドレスをお伝えすることはできませんが、構えつつ重いものを持ってスイング動作をするなど、**スイングの一部であるという意識のもとでアドレス**できれば、ガチガチに固まってスムースに始動できない、ということはないでしょう。

基本となるアドレスの目安
(7番アイアン)
Check
左肩に対して右肩
がやや下がり背骨
が少し右に傾く
Check
グリップ位置は
左足付け根の前
Check
両太モモの内側に
張りをもたせる
Check
ボール位置は両足の
真ん中よりやや左
Check
左右の体重配分は
5：5

基本となるアドレスの目安
（7番アイアン）
Check
足の付け根から上体を約30度前傾する
Check
背すじを伸ばし、背骨に“軸”をイメージ
約30°
Check
下を向きすぎない。アゴを引いて目線を高く保つ
Check
左腕を左胸の上に乗せ、ダランとたらしたところでグリップ
Check
ヒザは軽く曲げる
Check
重心は両足の母指球の上に

手首を伸ばしてグリップしてから構える

アドレスで肩のラインが右を向いてしまうアマチュアの方が多く見られます。原因はさまざまですが、最低限ソールした時点では、目標に対して真っすぐ向けているようにしておきたいところです。

それには**クラブを立てた状態でグリップしないこと。**下の右写真のようにクラブを立ててグリップしてから前傾すると、右手がかぶって右肩が前に出る。肩のラインが左を向くので、それを修正して右向きになります。

手首を伸ばしてグリップしてから前傾を入れてソールすると右肩がかぶりません。右肩が前に出ず、肩のラインを真っすぐにセットしやすくなります。

手首を伸ばしてグリップしてから前傾

■ 手首を伸ばしてグリップしてからソールすると右肩がかぶらない

■ クラブを立てたグリップから前傾すると右肩が前に出る

ドライバーにありがちなアドレスのミス

アマチュアの方のアドレスを拝見していると、ドライバーのボール位置が真ん中に寄りすぎている人が多いようです。

これだと、いいスイングをしてもクラブがダウンブローになっている過程でインパクトを迎えることになります。

ボールと目標を結んだターゲットライン、およびボールを通ってそれと直角に交わるラインをイメージし、ボールが左カカト延長線上からボール1個分右の間にくるようにセットする習慣をつけましょう。

左にあるボールに対して上半身が左に寄っている人も多い。こうなるとバックスイングでのけぞったり、肩を大きく回そうとしてスエーします。いずれにしても背骨の軸がブレるのでさまざまなミスが出ます。

アドレスする時点では必ず、パンツのチャックの真上と右ヒザの間に顔がくるように、背骨を若干右に傾けましょう。結果的に7〜10度ほど右に傾きます。

この体勢で背骨を軸に体が回せると、トップへの過程で肩が深く回ります。回り切ったポジションから顔を左へ動かさず、ダウンスイングからインパクトに向かうのがドライバーで飛ばすコツです。

立っている場所からちょっとでも軸が左に傾くと打ち込む形になってフェースがスクエアに戻る手前で当たります。するとコスり球が出はじめ、次にはそれをつかまえようと手首をコネてヒッカケる、といった負のループを招くことになります。

■ ドライバーのアドレスではパンツのチャックの真上と右ヒザの間に顔がくる。結果、背骨が右に7～10度ほど傾く

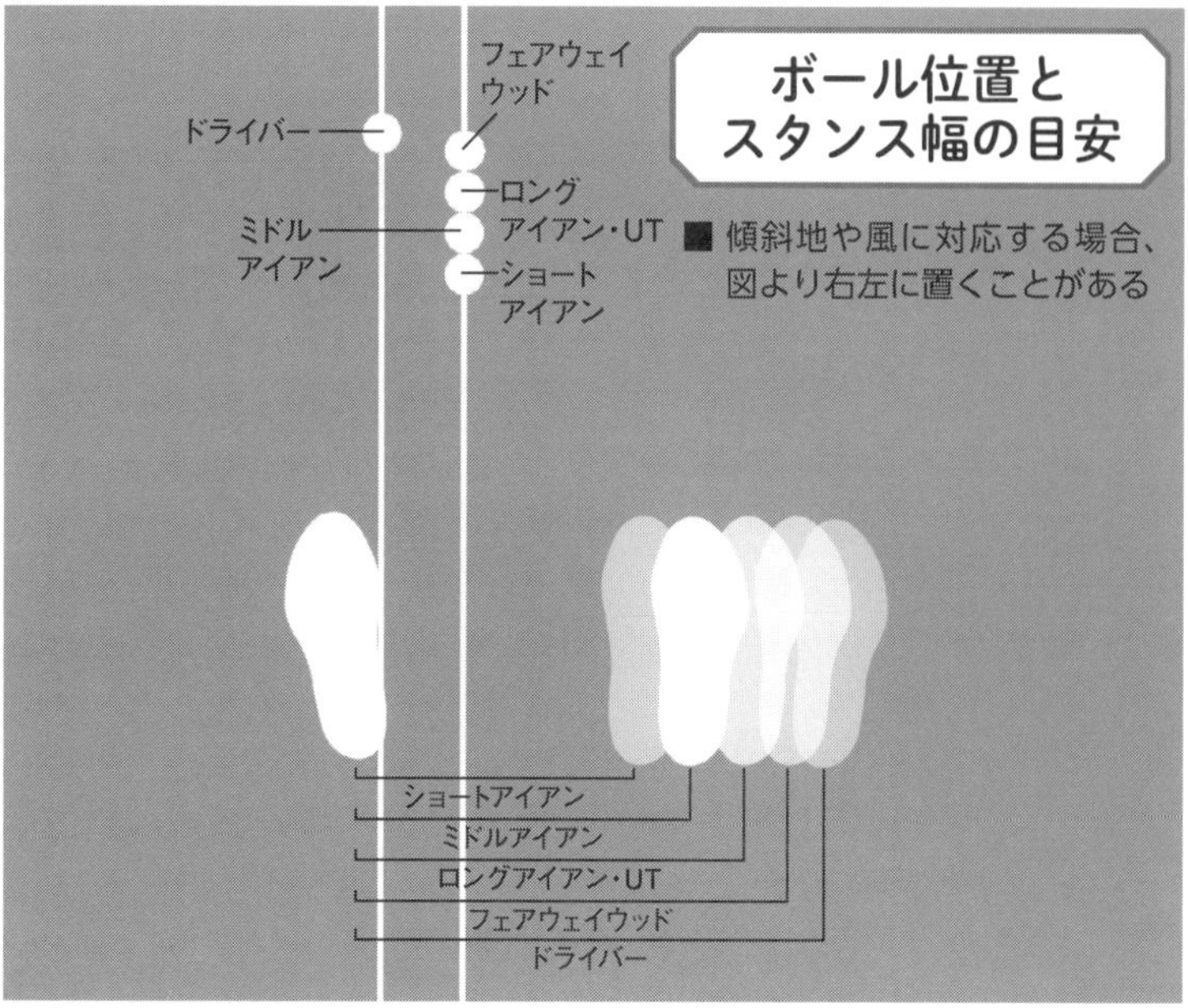

■ 傾斜地や風に対応する場合、図より右左に置くことがある

正しいトップの作り方

トップを正しく認識するのに欠かせないのがV字コックです。

アドレスの体勢で手首をコックしてクラブヘッドを上げると、腕とクラブでV字ができます。リーディングエッジが地面に対して直角になるようにヘッドを上げます。

V字コックができたら右ヒジを曲げて左腕と地面を平行にする。左ヒジは伸ばしたままです。

ここまできたら、クラブ、手首、腕の位置関係をキープしたまま体を右に90度回す。90度回らない方は回り切ったところがトップポジションになります。

1

■ アドレスをとる

■ 手首の動きを意識してコック。腕とクラブでV字を作る

■ 手首の角度を保ち、左腕を伸ばしたまま手元をリフトアップ。左腕と地面を平行になる

■ 手首と腕の形をキープしたまま体を 90 度右回転させたところがトップ

スイングテンポとリズムの目安

スイングは2秒の運動と私は考えています。**バックスイングで1秒、ダウンスイングからフィニッシュにかけてがおよそ1秒のテンポ（速さ）。**この間を「ワーン、ツー」のリズムで動きます。

リズムは人それぞれですから、ひとつの目安にしていただき、自分に合ったリズムを見つけていただければいいでしょう。

動き方のイメージとしては、右足にウエイトをかけてバックスイング、切り返しで左足にウエイトをかけながらダウンスイング→インパクト→フォロースルー。下半身は上半身より一足先に踏み込みます。

「ワーン、ツー」のリズムが目安

■ バックスイングは１秒のテンポ

■ ダウンスイングからフィニッシュが１秒のテンポ

スイング時の体重移動

スイング中の体重移動は、テニスラケットや野球のバットを振ったときと同様、自然になされるものです。

ただ、ゴルフではボールが止まっているため、意識的に右から左へ動かす必要があります。そのため、どの程度動かせばよいのか悩む方が多いのだと思います。

そんな方はラケットなどを使ってスイングするのがおすすめ。自然な体重移動の感覚がつかめるようになります。

現在主流となっているローテーションスイングはバンプスイングほどダウンスイングで体重を左に乗せません（１０２ページ参照）。**左の壁にぶつけるのではなく、ダウンスイングでスタートポジションに戻る感覚。**５：５の割合で体重を左右に乗せていますから、ラケットやバットを振る動きに、より近づいていると思います。

バックスイングからトップで体重の80％が右足に乗る

体重移動の流れを追うと、テークバックと同時に右足の内側に体重を移動させます。

グリップが右太モモ前を通過するまでは、手を使わず体の回転だけで動き、手が右腰の

切り返しで上半身より
先に下半身を踏み込む

Check
バックスイングから
トップで体重の80%
が右足に乗る

Check
極端に左足に体重移
動せずアドレスの状
態に戻す

高さにきたらコックをはじめます。

コックするタイミングでは、体も右に回りはじめ、左腕が地面と平行になるあたりでは肩が70～90度近く回転しています。

このとき左腕は伸び、右ヒジは下を向いて若干折れていますが両ヒジは同じ高さになります。左腕とクラブでできる角度はおよそ90度です。

バックスイングからトップの過程では右足に体重の80％が乗ります。右ヒザは軽く曲がった状態をキープ。肩は90度、腰は45度右を向くのが理想です。

切り返しでは、上半身より一足先に下半身を踏み込みます。冒頭でも述べましたが、このとき極端に左足に体重を移動せず、アドレスの状態に戻す感じです。

踏み込むタイミングや、やり方がつかみにくい人は、ブランコの立ち漕ぎを思い出してください。ブランコが上がりきる直前に両ヒザを曲げて踏み込んで漕ぐイメージです。動き自体はスクワットと重なる部分があります。

第3章

シャローイング「上半身の動き」

デプスとウィズを両立したトップを作る

この章からは、シャローイングを身につけるために欠かせないポイントについてお話ししていきます。

まずはトップのポジション。正しいトップの作り方については46ページでお伝えしたとおりですが、ここで2つのポイントが押さえられているとシャローイングしやすくなります。

ひとつはデプス（Depth）、もうひとつはウィズ（Width）です。

デプスとは「奥行き」のこと。ここでは、スイングを後方から見た場合にできる、アドレス時の手の位置とトップの手の位置の距離差を指します（左ページ写真参照）。

バックスイングがアップライトに上がる、極端にいうなら、トップで構えたところの真上に手がくるとデプスはなくなりますが、これに近い状態はよくありません。

一方、ウィズとは「幅」のこと。ノド元とグリップエンドの距離を意味します。

バックスイングからトップで左腕を伸ばし続け、グリップを顔から遠ざけた状態をキープできるとウィズが保たれますが、右ヒジが引けるとデプスはとれてもウィズが縮んでしまいます。

デプスとウィズを両立したところが理想の

■ アップライトに上げるとデプスが短い

■ アドレス時の手とトップの手の位置でできる奥行き

■ トップで手が低いとウィズが短い

■ ノド元とグリップエンドの間の長さ

トップポジションになります。

トップで手の位置を遠くに感じる

スイングでは前傾している背骨のラインに対して肩がほぼ直角に回りますから、理想的なトップは肩のラインと左腕が平行に近いところになります。

正面から見ると、ノド元とグリップの距離を変えずに、体のターンを使って振り上げたところ。**できるだけ左腕を伸ばし続け、アドレス時のノド元と手の位置関係を保つことが大事です。**

これができるとトップで手の位置が、かなり遠くに感じると思います。

クラブがこのトップポジションにくると、正面から見て左手の甲が頭の後ろ側に隠れることは絶対にありません。

アマチュアの方に多いのは、手元が頭の後ろに隠れてしまうトップ。左ヒジが曲がってふところが詰まるため、ダウンスイングでシャローに下ろせません。

デプスとウィズを両立したトップを作るには左ページのようなドリルがおすすめです。

ヘッドカバーをつけたドライバーを短く持ち、ネック部分とノド元に軽くスティックを挟んで左腕を自然に伸ばします。

この状態をキープしてアドレスのイメージで前傾し、背骨を中心に胸をしっかり右に回しましょう。その人なりに回し切れたところがデプスとウィズが両立したポジションになります。

デプスとウィズが両立したトップ

■ 肩のラインと左腕が平行に近い。私はチェックにスティックを使用

■ トップで手の位置が遠くに感じる

弓矢で的を射るように右半身を後ろに引く

バックスイングで前傾した背骨を軸に胸を回すとデプスとウィズが両立しやすくなりますが、スイング中は自分で確認できませんので、**グリップを右肩のラインの右後方にもっていく**ようにしてください。

イメージ的には弓矢で正面の的を射るときのように、その場で右半身を後ろに引くように回転する。右肩甲骨《けんこうこつ》を後方に引き、胸を右に向けます**（60ページ参照）****。**

これを前傾した状態で行いますから、ボールに対して弓を引くイメージになります。肩のラインが背骨に対して前傾したままで回りやすくなると思います。

肩を水平に回そうとしない

頭は多少動いても構いませんが、なるべくポジションをキープするように努めましょう。

肩を水平に回すと、頭が右にもっていかれます。顔のポジションがズレ、背骨のアングルも変わってしまう。こうなってから頭が突っ込まないように動いても、背骨の軸が大きく右に傾いたダウンスイングにならざるを得ません。左足に体重がかからない状態で振るため、アッパースイングになってダフりやトップが出ます。クラブヘッドがインサイドか

グリップを右肩のラインの右後方に運ぶ

■ バックスイングではクラブの立てすぎ、寝かしすぎに注意

■ 前傾した背骨を軸に胸を回すとデプスとウィズが両立。グリップは右肩の右後方に行く

弓矢のように右半身を後ろに引く

■ 右肩甲骨を後方に引き胸を右に向ける。ボールに向かって弓を引くイメージ

ら入る傾向にもなりやすいので、プッシュアウトも出るでしょう。

また、そもそも突っ込む傾向のある人は、うまくバックスイングできても切り返しで上半身が突っ込んでしまい、そのまま動いて顔が腰よりも前に出るようなフィニッシュになります。

■ 肩を水平回転させると体が起きやすい

■ 前傾したまま背骨に対して肩のラインが直角に回りやすい

切り返しでどれくらいクラブを倒すのか？

シャローイングできているか否かは、バックスイング時にクラブが立っていること。そして**トップに上がって切り返したタイミングで、バックスイング時よりもクラブが倒れているか**で見きわめられます。

アメリカPGAツアーの選手を見ると明らかにシャローしているプレーヤーもいますが、多くの人が見た目はオンプレーン、すなわち、バックスイングでクラブを上げたのと同じ軌道に下ろしているように見えます。

「あれもシャローなのか？」という質問をよくいただきますが、スローモーションビデオなどをよく観察すると、そういう選手でも切り返しでは必ずクラブが何度か倒れています。

テークバックではグリップエンドがターゲットラインの外側を指さない

シャローイングできない人は、バックスイングで前腕が右にローテーションしてフェースが開いて上がる傾向にあります。

こうなるとバックスイングの過程でシャフトの延長線（グリップエンド）がターゲットラインの外側を指します。

この角度でクラブが上がった場合、ダウンスイングではクラブを立てて戻すほうが楽。

■ グリップエンドがターゲットラインの外側を指さないようにテークバック

■ バックスイングがこうなれば、手と体の位置関係を変えずに体を右に回せるある意味スティープにならざるをえません。

バックスイングでクラブを立てるには、テークバックでグリップエンドがターゲットラインの外側を指さないようにします（63ページ参照）。前述したとおり、前腕をローテーションさせてフェースが開くとこうはなりません。グリップエンドがターゲットラインの外側を指さなければ、結果的に手と体の位置関係を変えずに体を右に回すことになるわけです。

切り返しでシャフトプレーンと平行くらいまでクラブを倒す

スイングは2秒もかからない動きです。バックスイングでかなりシャフトを立て、切り返しで水平近くまでシャフトを倒すイメージで動いても、実際にはほんのわずかしか倒れません。

でも、**このわずかな動きが大事で、その程度の傾斜がつけばシャローアウトします。**

仮にクラブを水平の位置まで倒すとしたら、腰のターンをかなり先行させないと、きれいに当てられません。

体にはねじれも入りますから、それを引き戻す運動も必要になる。再現性を担保するという意味では、かなり難しい動きになってしまいます。

バックスイングで立ったクラブが切り返しでシャフトプレーンと平行くらいまで倒れ、体のターンによってシャフトプレーンに近づいてインパクトを迎える程度でも、十分にシャローアウトしているといっていいでしょう。

シャフトプレーンと平行くらいまで倒す

■ 切り返しでシャフトプレーンに近づき、そのままインパクトを迎えればシャローアウトしている

切り返しでは手をなるべく高い位置にキープ

読者の方の中には、「切り返しからダウンスイングで手を右腰あたりに引き下ろす」、あるいは「手を真下に下ろす」などと教えられてきた方がおいでかと思います。いわゆるタメを作るための動きですが、これは忘れてください。

シャローイングするには、まず体の回転を入れてからスーッと手元を下ろしたい。なので、なるべく手を高い位置に残すイメージをもってください。

切り返しで体の回転がリードしてもクラブヘッドだけは後ろに倒れて、手をなるべく高い位置にキープする。この要領で回転すると、

■ 手を高い位置にキープできても、手から下ろしてはいけない

■ トップと切り返しの手の位置のイメージ。体の回転主導なので手がわずかに下りているが、動かしてはいない

クラブを倒してもスイングプレーンよりインサイドから寝て入らないのでクラブを下ろしやすくなります。

手が先に下りるとクラブが寝すぎてインから入る

体が回転する前に手元が低いところに落ちると、インパクトで詰まって気持ちよく振り抜けません。

また、トップからシャローにしながら手を下ろすと、ダウンスイングの後半でクラブヘッドがプレーンよりも下に落ちてしまいます。

インサイドに落ちた位置からヘッドがボールに向かってくると、右方向に振り抜く格好になって手が体の前に出てきます。手が体から離れた結果、薄くヒールに当たってシャンク、ハーフシャンク、あるいはトップ気味のボールが出やすくなります。

また、トップに上がってシャローにしたときに、トップの位置で体がねじれ切っているのに、クラブヘッドを後ろに倒す運動によって、腰や胸の回転をクローズにするパターンもあります。

この場合、かなりのインサイドアウト軌道になり、プッシュアウト、ダフり、トップ、ヒッカケなど、あらゆるミスが出る可能性があります。

切り返しのタイミングでは、体をねじり切っていますから、左ヒザを開き、なるべく左肩、左骨盤といった体の左サイドを低く保ちながら回転するとクラブが寝すぎず、プレーン上に入ってきます（詳細は１１０ページ参照）。

✕ 手を引きつけると体が右に倒れる

■ 手を引き下ろしクラブを後ろに倒すと、腰や胸の回転がクローズになることがあるので引き下ろさない

両腕のヒジから先を右に回しながら切り返す

切り返しのタイミングでクラブを倒すと左肩が上がる人がいます。こうなるとクラブが倒れても前傾角度が崩れ、上体が起き上がるため、ミスショットになります。

左肩が上がる人は、切り返しからダウンスイングで、右ヒジだけワキ腹にくっつけようとしている。そのため右肩が下がって左肩が浮いてしまうのです。

スイングは前傾したまま体を回す運動ですから、手元がハーフスイング、もしくはスロットポジション（ハーフウェーダウン）に下りたときに左肩が上がるのは絶対にNG。つまり、切り返し以降も、左肩はなるべく低い位置に保ちたいわけです。

それには**両ヒジを同じ高さにすること。ハーフウェーダウンではもちろん、トップでも同じ高さにしておきましょう。**

切り返しでおすすめなのは、手元（正確にいうと両腕のヒジから先）を右に回すイメージをもつことです。前傾を保つには肩の高さを保ったままクラブを右に倒すこと。ヒジから先を右に回すと左肩を低い位置にしたまま、重心を地面にグーッと押し込めます。

アマチュアの方の場合、バックスイング（ハーフウェーバック）からトップでは両ヒジをほぼ同じ高さに保てます。

両腕のヒジから先を右に回すイメージ

■ 肩の高さを変えずに前腕を右に回すとクラブが倒れ左肩も上がらない

■ ボールを投げるときもヒジから先を回す。ダウンスイングでも同じ

ヘッドを遠回りさせるよう右腕をワイドに使う

日本では長年、「ダウンスイングでタメを作る」といわれてきました。そのためダウンで右ヒジを真下に下ろす、あるいは下ろそうとしている方が多いと思います。

しかし、これをやるほど体が回転すると同時に右サイドが前に出るため、インパクトに向かってクラブがスティープに入りやすくなります。

また、右肩が下がり、左肩や左腰が上がる動きも誘発する。こうなるとインパクトで詰まってしまいます。

ということで、**なるべく右ヒジは伸ばし気味にしておきたいところです。**

もちろん実際に伸び切ることはないのですが、イメージ的にはなるべく伸ばして、遠回りさせながらヘッドを下ろしたいのです。

私の場合、「切り返しのタイミングでグリップエンドを自分から見て右斜め前45度に向けてください」とお客さんに教えています。

こうするとダフるのではないか、と思うかもしれませんが、体のターンが入ってくればヘッドは低い位置からボールに向かい、シャローが実現してハンドファーストにもなります。切り返しからダウンスイングで右腕は縮めない。逆に、ワイドに使うことを心がけてください。

右ヒジをなるべく伸ばす

■ 実際には伸び切らないが、伸ばすイメージでヘッドをなるべく遠回りさせる

■ 手首を伸ばしたり、右ヒジを真下に下ろしてはだめ。グリップエンドを右斜め前 45 度に向ける

左手の甲をフラットにしてクラブを倒す

「シャローイングしようとするとインパクトでフェースが開いてしまう」という質問をよく受けます。

確かにトップの位置からクラブを倒しすぎると開きますが、**シャフトプレーンと平行くらいの角度まで倒し、体を回してハーフウェーダウンまできたときに、リーディングエッジの角度が前傾した背骨の角度とおおよそ平行になっていればフェースは開きません。**

開く原因として考えられるのは、切り返しでクラブを倒したときに、左手の甲側に手首が折れていることです。

この状態でクラブを引っぱってくると、フェースが開いたままになります。スイング軌道はいいのですが、フェースが開いているのでボールがつかまらず、シャンクやスライスになります。

右ヒジは少し下向きに入る

ということで、トップからクラブを倒しても、左手の甲はフラットにしておきましょう。

手首を甲側に折ることを「カップ」、手のひら側に折ることを「ボウ」といいますが、イメージ的には下ろしながら左手首をボウさ

左手の甲はフラットなまま

■左手首が甲側に折れていると
フェースが開いたままになる

■左手の甲がフラットならばフェー
スは開かない

せるわけです。

このタイミングで左腕全体を右に回転させると肩関節が持ち上がってしまい、前傾角度が崩れて起き上がります。クラブが下から入ってもシャローイングではなく、下からあおる形のスイングになります。

切り返しのタイミングではヒジから先が右に回転する、これをプロネーションといいますが、そうすることで左肩に力が入らないため、起き上がらず切り返せます。

また、**右ヒジは少し下向き（内側向き）になる。**野球のピッチングで投げる前に腕がひっくり返ったり、テニスのサービスでひっくり返る動きに似ています。

右腕はヒジが下を向く感じでひっくり返り、左腕はヒジから先が右回転する。これができると肩に力が入りません。

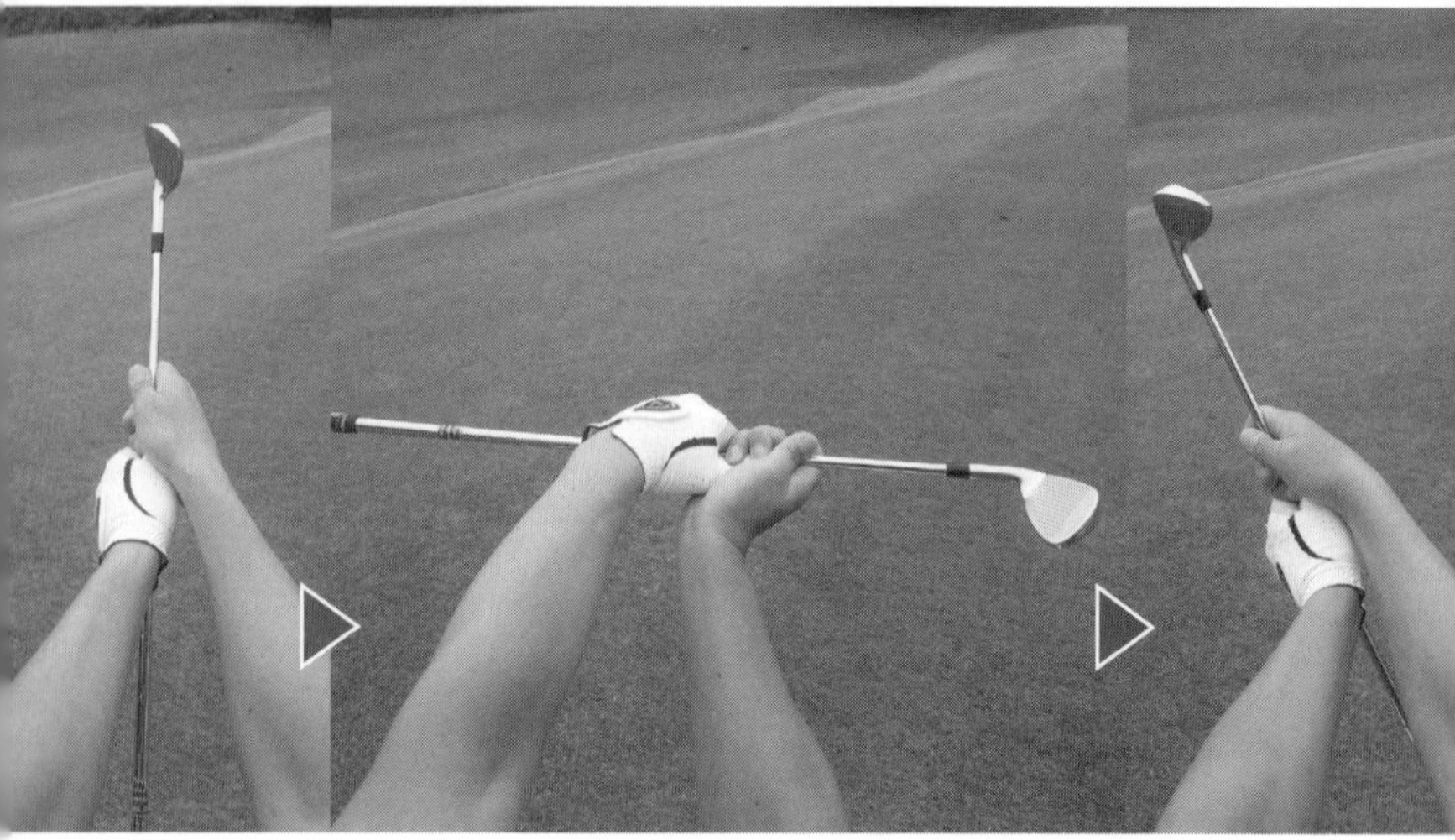

■ アドレスからトップ、インパクトにかけて手首は写真のように動く

■ 右腕はヒジが下、手のひらが上を向く。左腕はヒジから先が右回転する

切り返しからダウンスイングで「つ」を書く

ハーフウェーバックでクラブのシャフト、もしくはグリップエンドが、ターゲットラインと両ツマ先を結んだラインの真ん中を指すくらいになっているとシャフトが立った状態になると話しました。

アマチュアの方には、そのままトップまでいってデプスとウィズを両立させたら、**クラブヘッドで空中にひらがなの「つ」を書くつもりで動かしてください**といいます。

こうするとクラブが倒れ、ダウンスイングでプレーンと重なってきれいにヒットしやすい。クラブが低くシャローに入るので飛び方が安定します。

シャフトプレーンよりズラす感じで積極的にクラブを倒す

これを前提に、プレーンに対してさらにクラブをズラしてあげるとトルクが発生します。これをエネルギー源としてヘッドスピードをアップさせる手法があり、これによって得られるエネルギーは**パッシブトルク**と呼ばれています。

トップの位置からシャローイングすることに変わりはありませんが、その向きをシャフトプレーンよりも少しズラす感じで積極的に倒してやる。

ヘッドで空中にひらがなの「つ」を書く

■ トップから切り返しではヘッドで「つ」を書く。クラブが倒れ、ダウンスイングでプレーンと重なってくる

こうしてダウンスイングで手元がどんどん引き寄せられると、極端にいうとクラブが立つ動きが入ってきます。

すると腕をローテーションさせなくても、フェースが閉じる運動に変わってきます。その状態でボールにコンタクトすると強いボールが打てるというわけです。

ハンマーで地面に杭を打ち込むときに、引き上げたハンマーを引き寄せるとハンマーの打面が閉じようとする動きが入ってきます。これと同じ理屈で生じる強いエネルギーをボールにぶつけるのがパッシブトルクを利用するということです。

リッキー・ファウラーはバックスイングで手元を低く引き、最初からレイドオフ気味にしてフラットなトップを作ります。そしてダウンスイングがスタートする瞬間から、シャフトプレーンよりクラブを立てる運動で打ちます。

このような選手もまれにいますが、現実的には背筋力や脚力があったり、捻転《ねんてん》力が大きくないとできません。

一般のアマチュアゴルファーには大変難しいテクニックだと思うので、オーソドックスに高い位置から重力を使って下ろす運動でクラブを倒し、さらにズラしてパッシブトルクを入れるほうが現実的にはやりやすいと思います。

プレーンからズラすことで発生するエネルギーを使う

Check

シャフトプレーンよりズラす感じで積極的にクラブを倒す

○

■ 腕をローテーションさせなくてもフェースが閉じてくる

×

■ 右肩が下がると極端にインサイドからクラブが下りる

■ イメージの動きと実際のスイングには差があるが、裏を返せば、それくらい極端に動かないとスイングは変わらないということ

ドライバーショット後方

■ ダウンスイングではクラブが立ってくるが、これはこの角度から見ているから。実際にはシャフトプレーンよりわずかに寝ている

ドライバーショット正面

マスタードリル1

手先を使わずにクラブを動かす

では、上半身の正しい使い方が身につくドリルを紹介していきましょう。

何番でもいいので左手でアイアンを短く持ち、しっかり持った左手と手首の間にできる三角形の空間にボールを挟みます。無理やり押し込まず隙間に挟んでください。

右手をグリップしたら、クラブシャフトが地面と平行になるまでのバックスイングから、同様に地面と平行になるフォローまでの振り幅でボールを打ちましょう。

テークバックでは腕と肩でできる三角形が変わらないように体を回します。

早いタイミングでコックが入る、あるいは体が動かないうちに手首を使うとボールが落ちますから、手首の角度をキープしつつターンすることが大事です。

また、ベタ足で下半身を止めると打ったあとに左ヒジが折れてボールが落ちますから、下半身を止めずに打つことも忘れずに。

地面のボールを打つと衝撃でボールが落ちやすいので、はじめは低くティアップしても構いません。

このドリルをやると振り幅に対するスピン量が一定になり距離感が合ってくるので、アプローチの基本であるピッチ&ランの習得にも役立ちます。

左手首でボールを挟む

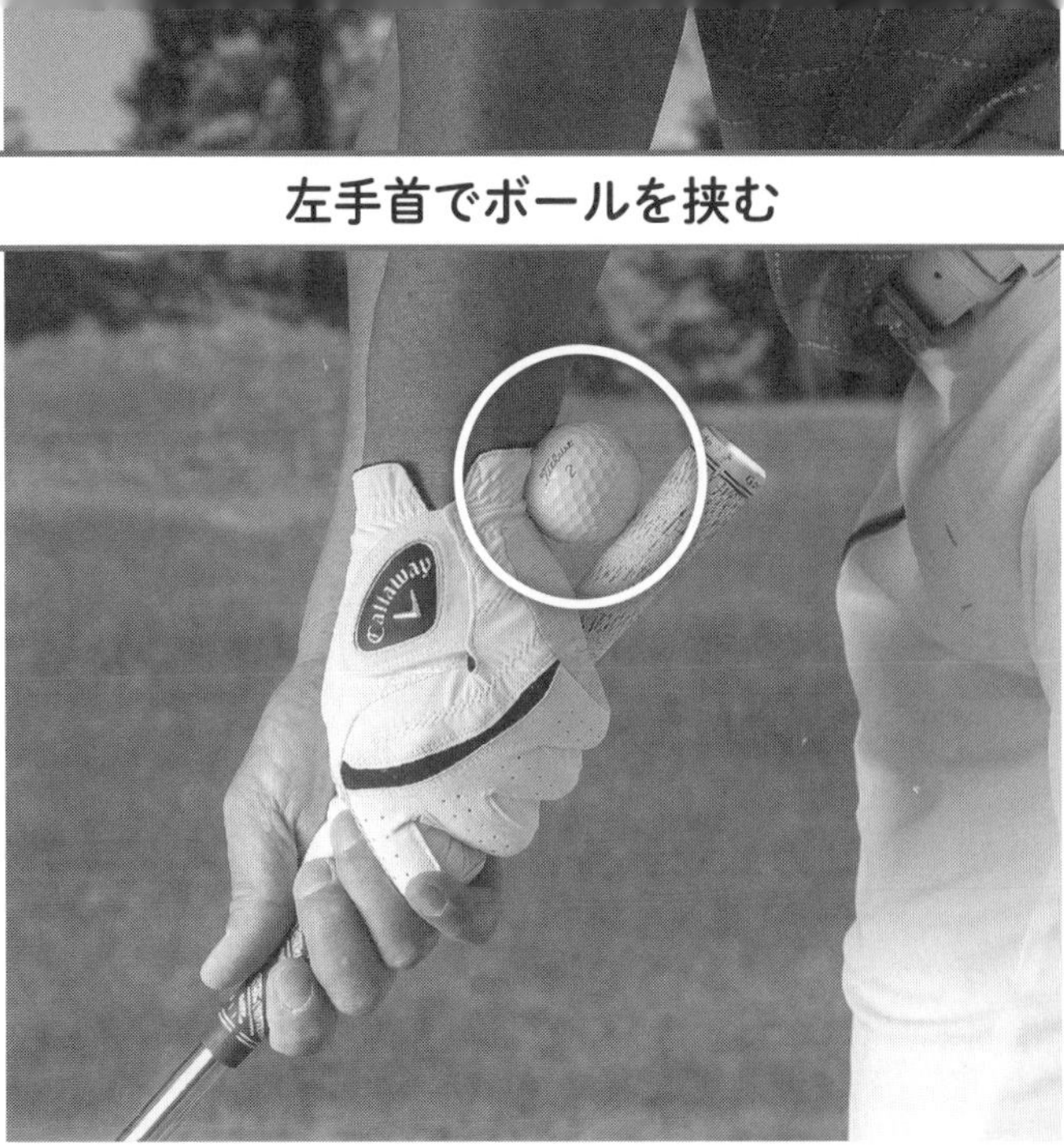

■ 左手首とグリップの間にボールを挟む。無理やり押し込まない

■ ティアップしても OK。小さな振り幅で挟んだボールを落とさずに打つ

マスタードリル2

ボディターンで打つ

次は手首の使用を抑えるとともに体の回転を促すドリルです。

使用クラブは7～9番アイアン。左ページの写真のように、クラブとスティック、もしくはものさしなど棒状の物とクラブを束ねるようにグリップし、この状態で右腰から左腰までの振り幅でスイングします。

まずは手首を使わない感覚で、スティックがなるべく左腰から離れないようにテークバックします。始動で手から上げる、あるいは前腕を右にローテーションさせるとスティックが腰から離れて前に出て、手と体、およびクラブの位置関係がズレます。そのまま振ると、どこかで修正しなければなりませんから、必ず体の回転でスタートし、スティックが左腰についている感じを体に染み込ませましょう。

シャフトが地面と平行になるプロセスではスティックが左腰から離れてＯＫです。

ダウンスイングからフォローでは、再びスティックが左腰に近づきます。

まずはゆっくりと素振り。ボールを打つ場合も飛ばさなくていいので、ゆっくりクラブを上げて体のターンでコツンと打ち、気持ちよく芯に当たるまで練習しましょう。

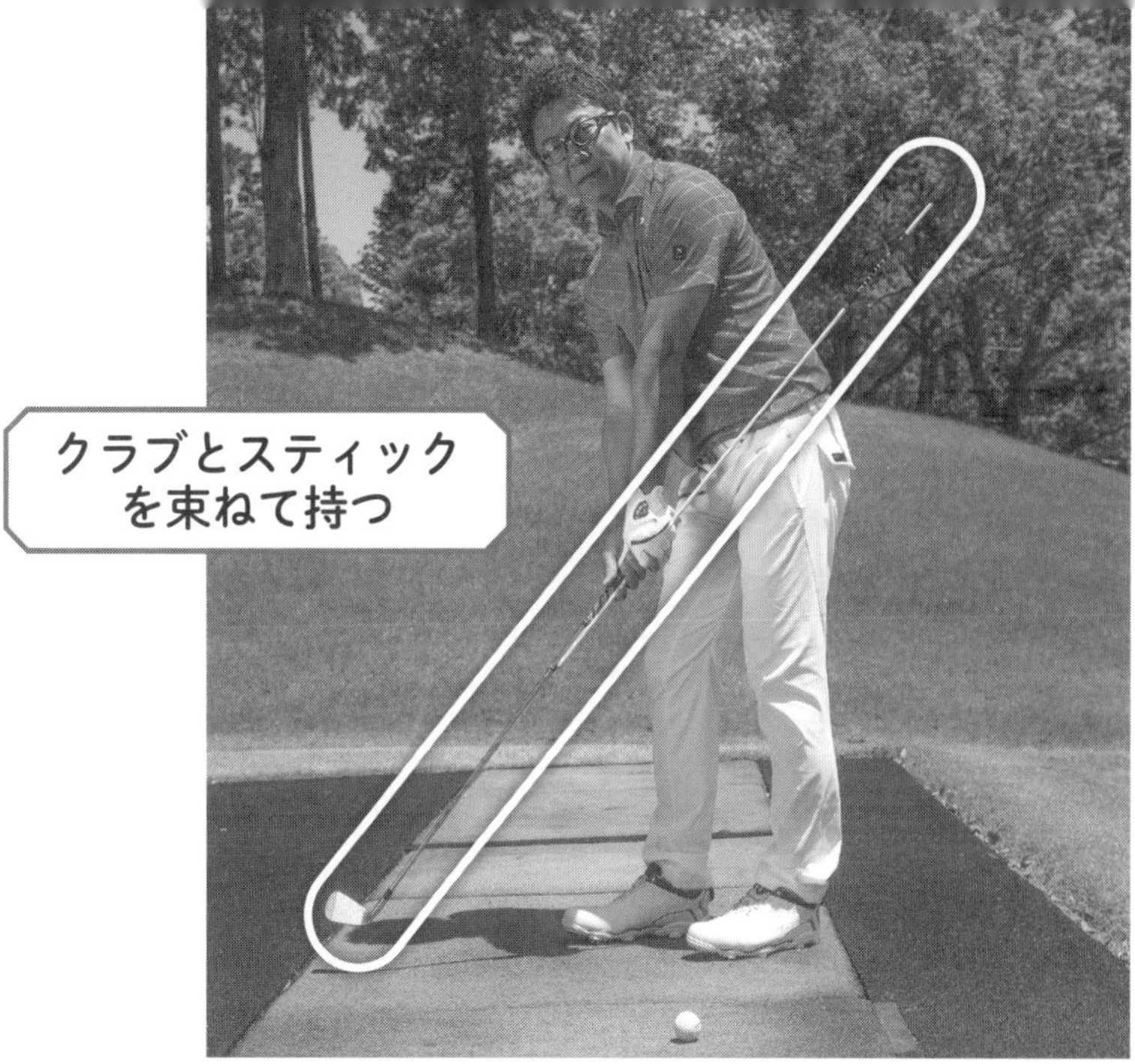

■ 飛ばす必要はなし。体のターンでゆっくりクラブを動かしコツンと打つ

■ 右腰から左腰までの振り幅でスイングする

マスタードリル3

腕が地面と平行になるところまで振る

ドリル2から振り幅を大きくし、腕が地面と平行になるハーフスイングまでいきます。使用クラブとセットアップ、さらにハーフウェーバックまではドリル2と同様ですが、テークバックで手が右太モモ前を通過した段階で、クラブヘッドが飛球線後方の延長線と重なって見えるかチェックしましょう。

腰のターンでシャフトを地面と平行にしたらコックを入れます。このとき左腕は伸ばしたまま。右ヒジには多少緩みがあってもいいですが、なるべく曲げず、体から離れたところにクラブを押し出すようにします。

さらに体をターンさせると上体が深くねじ

れて、人によってはかなりキツいかもしれませんが、ここは楽をせずできる限りねじってください。

　ねじれたらグリップエンドが飛球線の若干内側を指しているか確認しましょう。

　切り返しは下半身リードで。詳細は第４章で述べますので、ここでは左ヒザをできるだけ目標方向に開いて腰を左へ回転させる意識だけもってください。

　その際、手の高さを維持します。グリップエンドが飛球線の外を指すようクラブを倒します。

　クラブが引っぱられてくると、グリップが右太モモ前にきたときに、シャフトが地面と平行のところまで下りてきます。

両腕が地面と平行になる振り幅で打つ

■ 7番アイアンで 50 ～ 60 ヤード打つ。ポイントを確認しながら練習する

マスタードリル4

右ワキにヘッドカバーを挟んでダウンスイング

効率よくボールを飛ばすには、インパクトで最大のパワーをボールに与えること。右腕が曲がったままフォローまでいくのはもちろん、インパクトで右腕が伸び切るとこれができません。

ボクシングでは腕が伸び切った状態で当たったパンチより、伸び切る直前で当たったパンチのほうが破壊力がある。「打ち抜く」形を作れるからです。

スイングも同じでインパクト以降で右腕が伸びると目標方向にベクトルが向いて打ち抜けます。

そんなインパクトを養成するのがこのドリルの目的。ドリル３までの要領（スティックは持たない）でトップまでいったら、切り返すタイミングで一旦止まり、ヘッドカバーを右ワキに挟んでください。

さらに、ダウンスイングでシャフトが地面と平行になったところで止め、腰を左に回して、フェース向きと、右ヒジが右肋骨についているかを確認します。

それができたら体をターンし、ヘッドカバーを落とさないようにボールを打ちます。コツンと当てる感じでもＯＫなので、右ヒジが右肋骨前で曲がった状態でインパクトを迎えるようにしましょう。

切り返しの位置でヘッドカバーを挟む

Check

ここで挟む

■トップまで行ったら切り返すタイミングで一旦止まり、右ワキにヘッドカバーを挟む

■シャフトが地面と平行になったところで、フェース向きと右ヒジが肋骨についているかを確認してから打つ

マスタードリル5
シャローイングの動きがわかる投げ縄ドリル

ロープを使ってシャローイングを体感するドリルです。

私が使っているロープは、直径2センチ、長さ2メートル。多少重さを感じるくらいのロープが向いています。

左手でロープの端を持ったら、適度に間隔を空けたところを右手で持ちます。

持ったらカウボーイの投げ縄のイメージで、頭上で右手のスナップを使ってロープをくるくる回します。

何回か回したら、ロープの先端が左を向いた瞬間を見はからい、下半身をスクワットさせる要領でヒザを柔らかく使って左にターンします。

ロープの先端が左を向いた瞬間がスイングでいうところのトップ。そこからロープの先端が後方を遠回りして下りてくる。この過程がシャローイングそのものになります。

ロープは手だけでも回せますが、遠心力を取り入れて先端部を加速させるには、ロープが左を向いた瞬間に下半身を下げて後ろに回しながら引っぱる動きが必要になります。

ロープがなければドライバーを右手で回し、トップの場所から下半身のリードを使って、クラブを後ろに倒しながらスイングしてもいいでしょう。

ロープでシャローイング

マスタードリル6

トップでヘッドをくるくる回してから下ろす

トップまで行ったら、クラブヘッドを時計回りにくるくる回し、クラブが後ろに倒れるタイミングで下半身を左へ回しダウンスイングからインパクトへ。

切り返しで体がリードした瞬間にクラブがうまく後ろに倒れ、そのままターンし続けて打つという感覚に慣れるためのドリルです。

　シャローイングの動きがわかればいいのでナイスショットは不要。動きを重視しましょう。

ヘッドを回してからダウンスイング

マスタードリル7
ダウンスイング時に左肩が上がるのを防ぐ

「クラブを寝かせてダウンスイングすると左肩が上がる」という人に役立つドリルです。

ハーフスイングまでいったところで、左右両ヒジにかかるように、スティックやタオルをのせてもらいます（左ページ参照）。

トップはコンパクトでいいので、両ヒジの高さを変えないよう一気に振り下ろしましょう。左肩が低く保たれていれば、スティックが地面と平行に近い形で、ストンと右サイドに落下します。

これに対し、体が起きて左肩が上がるとスティックは早いタイミングで先端から落ちてしまいます。

■ すくい打ったりスティープになるとスティックが傾いて落ちる

両ヒジを同じ高さのまま下ろす

COLUMN 01 練習では大げさすぎるくらい大げさに動く

スイング軌道がフラットな人に、「こぶし2つ分アップライトにしてください」といっても簡単にはいきません。当事者的にはクラブを真っすぐ立てるくらいの感覚をもたないと変わらないのです。

シャローイングもそうで、クラブを倒すには背後でヘッドを地面に落とすくらいの感覚がないと、一瞬の動作の中ではなんの変化も起きません。私はその感覚でやっとプレーンよりちょっと寝た程度。気にしないで打つとすぐにオンプレーンになります。

きれいに上げてシャローに下ろすのが見た目も美しく理想ですが、最初はかなり大げさにやることが大事です。

アメリカPGAツアーのマシュー・ウルフは、クラブを大きくアウトサイドに上げ、切り返しでループしてシャローさせるのが特徴です。

遊び感覚でいいので、練習場ではマシュー・ウルフになったつもりで彼のようにバックスイング、切り返しの瞬間にクラブを大きく後ろ回りさせて、体のターンを入れながらしっかり振ることをやってもらいたいと思います。

感覚としては正面に腕を上げながら体を右に回すので、クラブはとんでもなくアウトに上がる感じになります。

第4章

シャローイングの「下半身」

バンプスイングとローテーションスイング

バンプスイングとは、バックスイングで右足にしっかり体重を乗せ、切り返し以降で腰を左にスライドするような格好で足の外側に体重を乗せていき、左の壁をイメージしながらターンしていく手法です。

一方、ローテーションスイングとは、腰を右に寄せながらバックスイングしたり、切り返し以降で腰を左にスライドさせない。リバースピボットにならないよう、その場でクルッと回るスタイルです。

下半身に枠を想定し その枠内で回転する

■ 熟達しないとインパクトで詰まったり前傾が起きやすい。手元が浮くスイングと常に隣り合わせ

ローテーションスイングで大事なのは、上半身、下半身とも左右にスライドしないこと。それには、構えたときに下半身の左右両サイドに枠を想定し、その枠内で回転するようにします。

バックスイングで右にスエーして、ダウンスイングで左に大きく体重移動するバンピングは、左右への動きが大きくなって軸ブレにつながりやすいだけでなく、回転力も生まれません。

たとえスエーしなくても、右サイドに体重を乗せようとして左サイドの腰と枠の間に広い隙間ができるような腰の回転の仕方もよくありません。ダウンスイングで左に大きく動かなければならないからです。

左右両サイドとも、枠と腰の間に均等な隙間を空けて回転するイメージが大事です。

■ リバースピボットにならないようその場でクルッと回るスタイル

■ ダウンスイングで下半身は回るが足は枠からはみ出ない。足を蹴った勢いで最後に左にはみ出る

■ 腰が引けるとリバースピボットに

■ バックスイングでは枠と足に少しの隙間ができる。左足側の隙間が幾分広め

■ 腰を左右にスライドさせない

その場で足踏みするイメージで体重移動する

シャローイングの効果を上げるために、切り返しではスクワットする感じで腰を落とし、重心を真下に下ろします。

このあと、デリバリーポジション（ハーフウェーダウン）からインパクト、フォローにかけて、左足外側の壁に対して骨盤を左に傾けながら入れていきます。

最終的には左足に体重が移動しますが、早い段階でこの運動を入れず、切り返しでローテーションしてから足を蹴り上げる。

バンピングとは違い、**動きの中で自然に体重移動するのがローテーションスイングの体重のかかり方です。**

ツマ先方向とカカト方向で体重を移動する

この感覚をわかりやすくつかんでいただくために、まずクラブを支えにして下半身だけで構えてください。

構えたら右のカカトに体重をかけて右ツマ先を上げる。同時に左カカトを浮かせて右カカトと左ツマ先に体重が乗った状態にします。これがバックスイングからトップのウエイトイメージになります。

これができたらその場で足を踏み替え、左カカトに体重を乗せて右カカトを上げます。

足踏みのように体重移動

■ 右カカトと左ツマ先に体重が乗った状態

■ 左カカトと右ツマ先に体重が乗る

これがダウンスイングからフォローの体重配分になります。

　こういうと難しく感じますが、その場で足踏みをするのと同じ動きです。

足で地面を蹴って速く回転 一瞬で体重を乗せる

　バンプスイングの場合、ダウンスイングで一旦左ツマ先側に体重を乗せますが、ローテーションスイングでは左カカト側に体重を落とし込みます。これを強く、かつ一瞬のうちに行うわけです。

　左カカトが地面に着くと、反動で右ヒザが前に出ようとしますが、その瞬間に両ヒザをピンと伸ばしてやると足が地面を蹴って地面反力が生まれます。

　アメリカＰＧＡツアーでは、インパクトからフォローで左足が後ろに引ける、あるいはフィニッシュで左ツマ先がめくれる形になる選手が多いですが、右足を強く蹴るほどそうなる。それだけ強く地面を蹴っているということになります。

　間違えないでほしいのは、腰がギッタンバッコンしないこと。腰はしっかり正面に残っていることが条件です。

自分のウエイトをしっかり地面に落とし込み、地面からの力を利用して足を蹴ることで速く回転し、一瞬で体重が乗ってくる動きを身につけましょう。

地面を蹴りながら回る

■ 左カカトが踏まれ右ヒザが前に出ようとする瞬間に、両ヒザをピンと伸ばして地面を蹴る

トップから左ヒザを目標に向けるように動く

では下半身の動きを、順を追って説明しましょう。

アドレスでは両ヒザが均等に曲がっていますが、バックスイングでは回転により右ヒザは後ろに下がりながらわずかに伸びます。

トップのポジションからは左ヒザを目標に向けるように動きます。

このときに、右足が内側に入るキックインの状態にならないようにします。

ダウンスイングでは、その場所から右ヒザを正面に向けて折っていく感じにします。同時に左ヒザのお皿が目標方向を

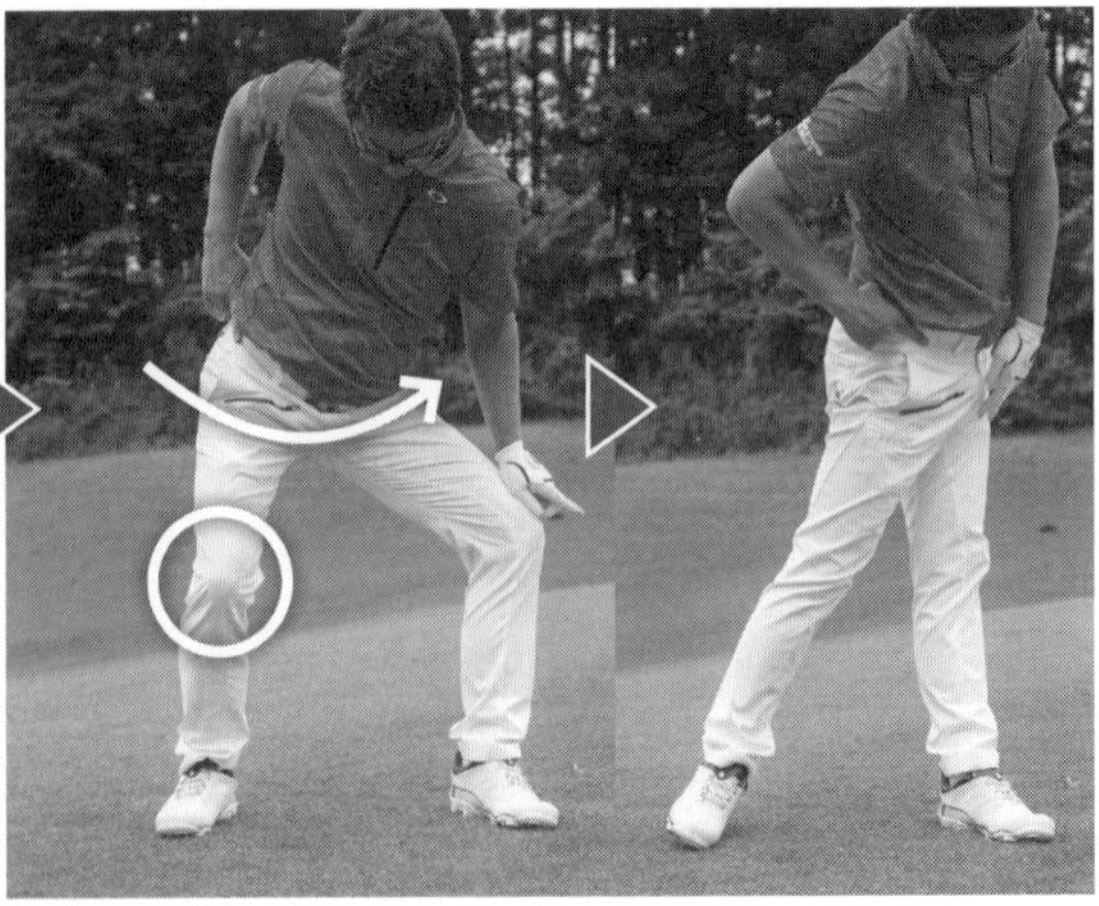

■ 右ヒザを目標方向に向けながら蹴り上げる

向くようにします。一瞬ガニ股になるわけです。

大げさにいえばスクワットをしながら左に回転していく感じで腰を少し落とします。構えたときよりも両ヒザがしっかり曲がった状態になりますが、その後に右ヒザを目標方向に向けながら蹴り上げるように動くと、構えていたときよりも左サイド、いわゆる左の壁くらいまでおヘソが向くような格好になり、左足に全体重が乗って左足一本で立つフィニッシュがとれます。

枠の中で回転するイメージをもち「1、2、3」で下半身の動きを入れると回転軸をブラさず、なおかつ左サイドに体重が乗ります。

スクワットしながら左に回転していく

■ 右ヒザを正面、左ヒザを目標に向けガニ股に。左右に流れない腰の動きを身につける

左足の左側に目線を向ける

シャローイングするには左サイドを低くして切り返すことが重要です。

クラブを寝かせてシャローに入れる準備ができても、左肩、左骨盤、左足など、体の左サイドが高くなった状態で切り返すと腰が左にスエーします。

こうなると、クラブが倒れていても下からすくい打つ形になります。左サイドが高くなった瞬間に、腰が前に出て前傾が起き上がる。それに伴ってアーリーリリースになって手首が伸び、インパクトで手元が浮くことが決定されてしまいます。ですから、切り返しではなるべく左サイドを低くするイメージが不可欠なのです。

ポイントは、左半身が左に傾くくらい左サイドを低くすることです。左ヒザに手を当てたときのように、左骨盤、左肩が低い状態をイメージします。実際にクラブを振ると、左サイドが高くなる人が圧倒的に多いですから、なるべく大げさにやりましょう。

たとえば、トップの位置から、自分の左足の左側に目線を向ける。「そんなに頭が出ていいの？」と思うくらいあり得ない格好になりますが、クラブを持ってボールを見ていれば、顔の位置が少し下がる程度で左には動きません。

左サイドを低くする

Check

左半身が左に傾くくらい大げさに左サイドを低くする

■ 左足の左に目線を向けるイメージ

■ バックスイングでは体の左側、ダウンスイング以降では右側が収縮するように動く。トカゲの歩き方のイメージ

トップから右カカトを内側に入れる

右足に注目してみると、トップの位置から右足カカトが目標と反対方向に動いてしまうような上がり方はNGです。

左サイドに想定した壁から左腰が逃げて腰が引けた形になります。

後方から見ると右ヒザが前に出る。すると押し出されるようにお腹も前に出ますから、上半身が起きて手元が浮きます。その結果、頭が右にズレて体重が後ろに残ったフィニッシュになります。

実はアマチュアの方の多くがこうなっています。股関節まわりと足が一緒に動いているため、お腹や腰のターンに引きずられて右足首が内側に回ってしまうのです。

ということで、**トップから右カカトを内側に入れるイメージで動いてみましょう。**こうすると、左足の付け根から先が外側に回る外《がい》旋《せん》運動が入ってガニ股になります。

上手い人はこうなっています。つまり、腰が左にターンしながら右足が外旋している。だからカカトが地面から上がらず、ベタ足で打つことができるわけです。

右足首を絞ってカカトが内側に入れば右ヒザが前に出ないので前傾角度が保てます。左股関節にウエイトが乗ってきて腰の中心が左に移動します。

ガニ股スタイルが正解

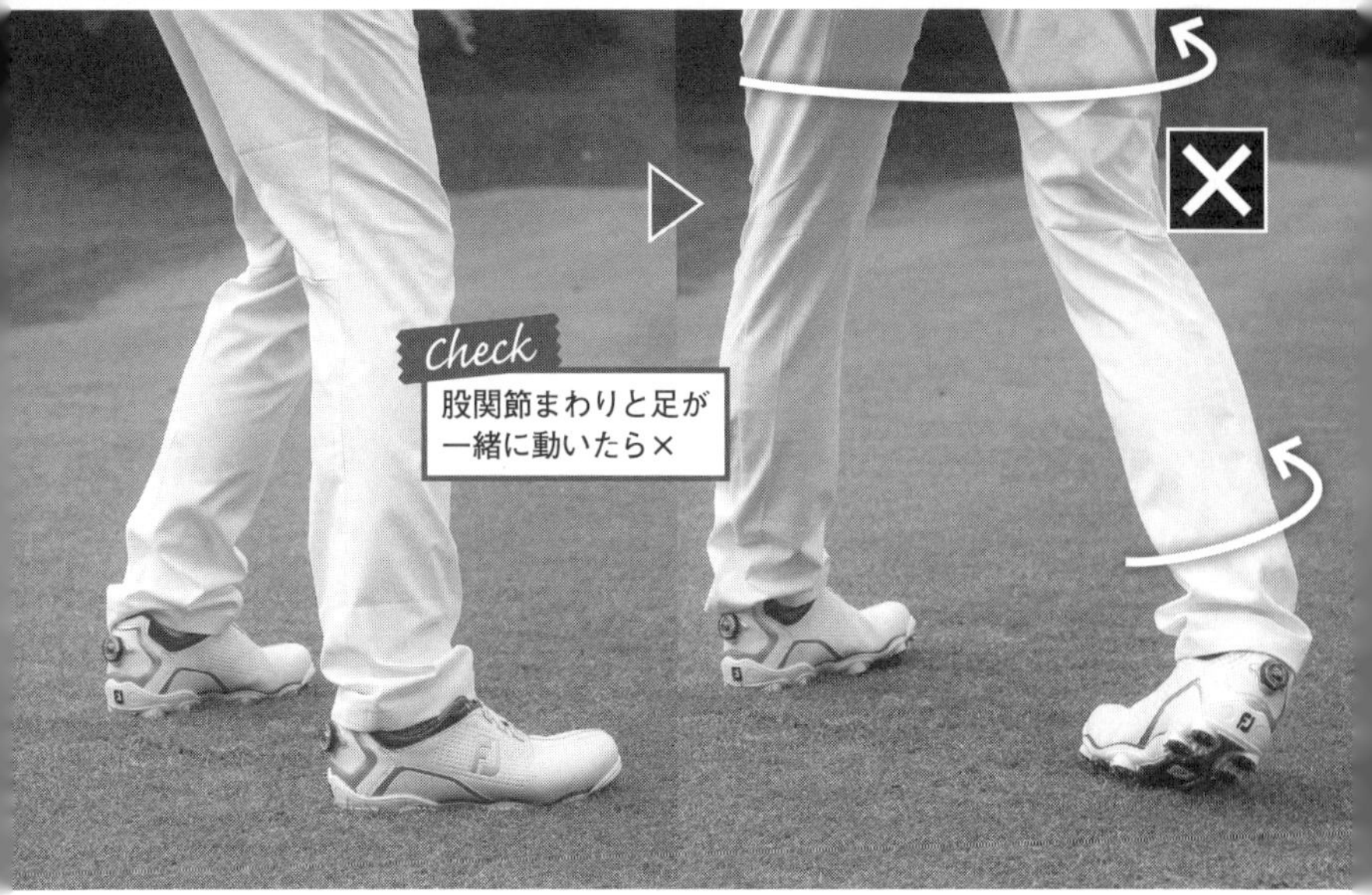

お尻の割れ目は常に真ん中から左寄りにある

シャローイングに適した下半身の動きは、お尻を見るとわかります。といっても自分では見えないので、背後からスイングを撮影してチェックしてください。

ポイントはお尻の割れ目です。パンツの縫い目でもいいですが、よくないパターンではバックスイングで割れ目が右に動きます。そして割れ目が右のまま打ってしまう。アドレス時より重心が右にある状態でスイングするのでボールに届かなくなり、ダフり、トップやチョロが出ます。

バックスイングで割れ目が左にくる人もいます。この場合、そのまま左体重で打つ人も

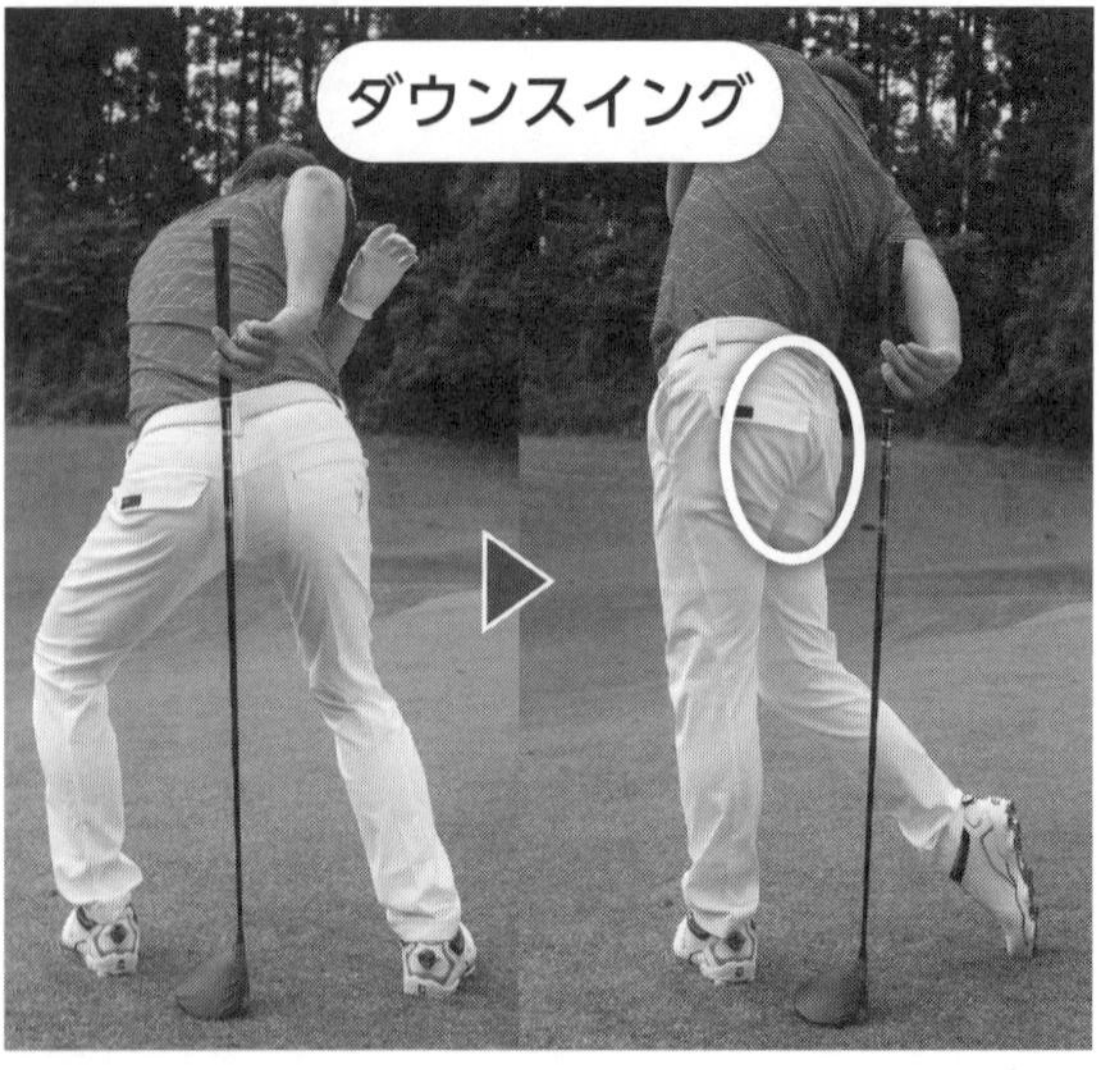

■ 若干左めから足を蹴り上げることで、割れ目が当初の位置より左にくる

いれば、右に戻す人もいます。前者は突っ込み、後者では重心が左から右へとズレるため、いわゆるギッタンバッコンになります。

どう動くのが理想かというと、**バックスイングからトップへの過程では構えたときよりも若干左にきます。**

そこからダウンスイングで一瞬、腰が戻ったときに、アドレスの位置か、それより若干左にある。回転していき足を蹴り上げたときには、当初の割れ目の位置よりも左にきている状態です。

繰り返しますが、多くの人は割れ目のラインが右に戻っている。左足の角度を見ると斜めに戻っています。

また、右足のカカトが戻っても割れ目が戻ります。右足に外旋が入って、右カカトが内側に戻る形になると割れ目が左にいきます。

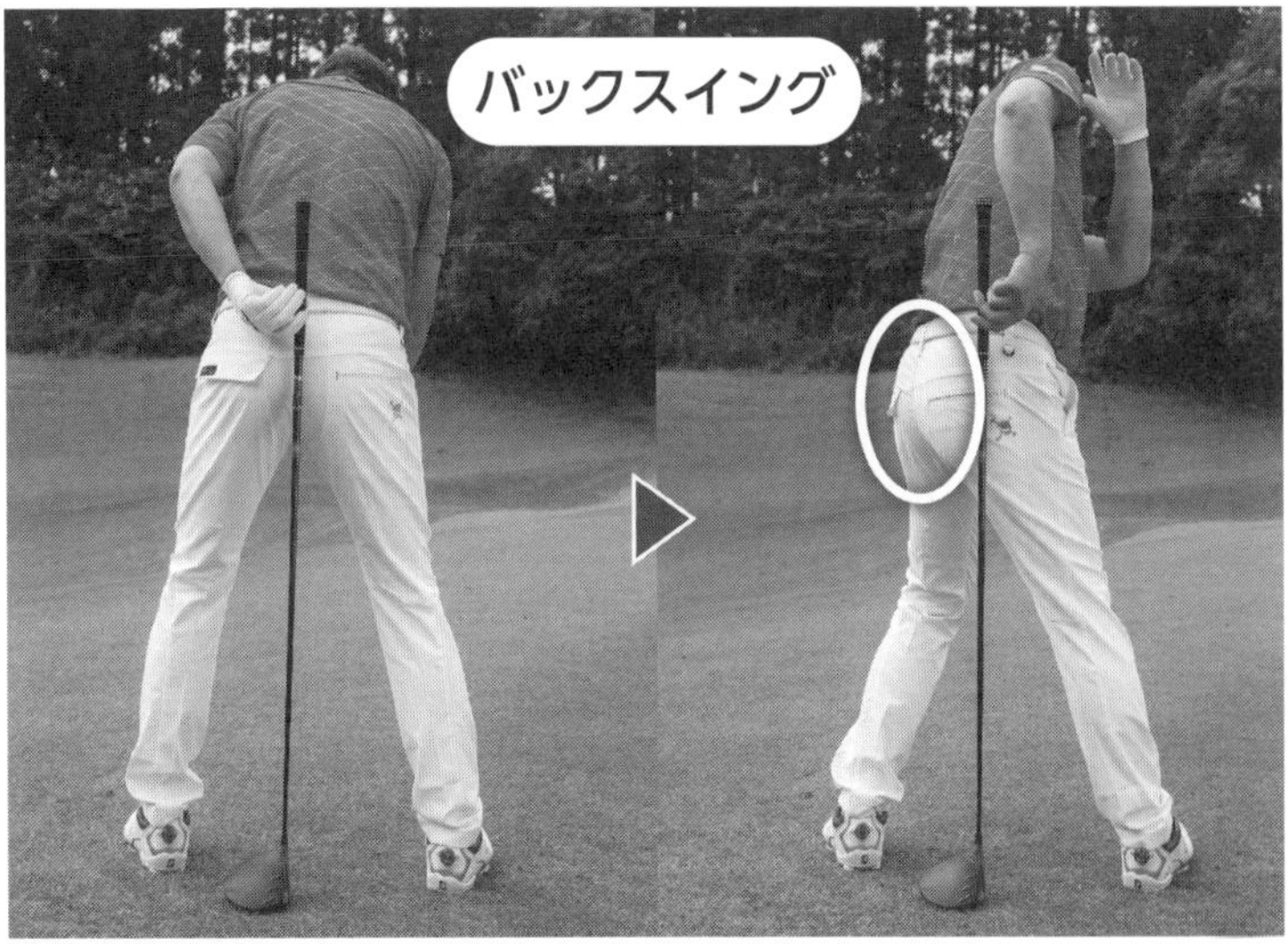

■ お尻の割れ目がアドレス時よりも若干左にくる

■ クラブの長さが変わるためボールの位置やボールとの距離が変わるが、スイングは同じ。スクワットしながらクラブを下ろすイメージ

フェアウェイウッドのショット前方

■ その場で回転しつつダウンスイングからインパクトで地面を蹴る。シャローアウトすると地面反力を使って打てる

フェアウェイウッドのショット後方

マスタードリル8
左サイドを低く保つドリル

下の写真のようにスティックをパンツのベルトホールに通します。もし2本あれば、もう1本を肩のラインに当てましょう。

この体勢でバックスイングからフォローまでのシャドウスイングをします。腰のスティックの左端が上がらず、終始低い位置をキープするように動くのがポイント。インパクト近辺では2本のシャフトが平行に近くなります。バックスイングで2本の右端が近づくと、インパクトで左サイドを低く保てません。

ボールを打つ場合は、邪魔にならないよう腰に通したスティックの右サイドを短くしておきましょう。

ベルトホールにスティックを通す

左サイドを低くキープ

○
Check
スティックの左端が
上がらないよう低い
位置をキープする

×
Check
スティックが斜めに
なり、2本の左右が
すぼまってはだめ

マスタードリル9
スライドを防止しその場で回転する

バックスイングで右に、ダウンスイングからインパクトで左に腰をスライドさせず、その場で回ってスイングするためのドリルです。

アドレスしたときに左のお尻が触れる位置にキャディバッグを置いてください。

左のお尻が終始キャディバッグに触れたままであれば正しく動けています。

これに対し、ダウンスイング以降で左肩が上がり、上体が起きるとお尻が前に出てキャディバッグから離れます。バックスイングで、触れていない右のお尻を突き出す感じで動き、左サイドを低く保って振り下ろすのがポイントです。

左のお尻が触れるところに
キャディバッグを置いて構える

左のお尻はバッグについたまま

マスタードリル10

ダウンで両太モモに挟んだボールを落とす

切り返しからダウンスイングではスクワットするように下半身を使うので、両ヒザが外に曲がってガニ股っぽくなります。

両太モモの間に柔らかいボールやクッションなどを挟んでスイングすると、これができているかがすぐわかります。すなわち、ガニ股スタイルになっていれば太モモの間隔が広がりますからボールが落下します。

ダウンスイングで太モモが締まり、ボールが落ちないのは真逆の形。左肩が上がって体が伸びています。バックスイングで腰が引けるのはそれ以前の問題で、その時点でボールが落下してしまいます。

両太モモの間にボールを挟んで構える

ボールを落としながら振る

■ ダウンスイングで左ヒザを目標に向けてガニ股スタイルをとると、太モモの間隔が広がってボールが落下

■ 右腰が引けてボールが落ちたり、ボールを潰すのはＮＧ

マスタードリル11

左足とクラブをゴムチューブで結んでダウンスイング

下半身リードでシャローイングできているかをチェックするドリルです。

長さ2メートルほどの細いゴムチューブやゴムヒモを用意し、片方の端で左ヒザ、もう片方の端でアイアンのネック部分を縛ります。アイアンは7番くらいが適当です。

縛ったら左ページの写真1～3のようにしてトップを作り、そこからゆっくりシャローイングでクラブを下ろしてください。

クラブが寝ていればゴムチューブを体に巻きつかせながらクラブを下ろすことができますが、スティープになるとチューブが背中に引っかかってクラブを下ろせません。

左足とクラブをチューブで結ぶ

■スティープインでは
下ろせない

マスタードリル12

ゴムチューブで縛ったクラブでボールを打つ

ゴムチューブを使ったドリルをもうひとつ。片端を7番アイアンのネックから30センチくらいのところに縛りつけ、もう片方は下から右腰のベルトの下を通して右ポケットに入れます。下の写真の程度にチューブを張ってください。

できたらそのままクラブを振ります。正しくシャローイングできるとクラブが下ろせますが、ダウンスイングでクラブがスティープに下りると、チューブが右腕に引っかかって下ろしづらくなります。

インパクト前後で一旦緩み、インパクト後に再びピンと張ってくればＯＫです。

チューブの結んでいない先端は
右ポケットに突っ込む

手の位置を変えずに切り返す

■ クラブが寝てヘッドが遠回りする

COLUMN 02 パワフルなボールを打つには下半身の大きな筋肉を使う

スイングでは、自分のもてる力をいかにボールに乗せるかが大事だと私は考えます。

シャローイングできるようになれば、スコアロスに直結するようなダフりやトップ、意図せぬスライスやフックはなくなり、ショットが安定しますが、大幅に飛距離アップしたり、今以上にパワフルなボールを打つには下半身を使うことが欠かせません。

日本人は平均的に体が大きくありませんから、その中でいかにボールにパワーを乗せるかとなったら、大きな筋肉が多くて筋力を使える下半身を効率的に使わないといけません。そこにスイング軌道が嚙み合ってくると本当に生きた球が打てるのです。

力をうまく伝えるために私のレッスンでは、たとえばボウリングとか卓球とかテニス、野球とかに置き換えて説明します。人によっては、クラブを持たずピッチングフォームばかりやっていただく場合もあります。下半身から腕に連動してクラブに力が伝わる流れをつかんでいただくためです。極力やったことがあるスポーツや普段の動きにたとえるようにしています。

お客さんも最初は「？？？」ですが、わからないままクラブを振り続けるよりずっといいのです。もし読者諸兄が相談に来られたらこうするかもしれませんが戸惑わないでください。クラブを持ったときに自然と動けるようになりますから。

第5章

シャローイングの注意点

シャローイングのシークエンス

これまでの章で紹介した内容を踏まえて、シャローイングにおけるクラブの軌道をたどってみましょう。自分でチェックする場合は、自分の右サイドに、シャフトプレーンよりややフラットになるようスティックを刺しておくとよくわかります

■ 体と手の位置関係が変わらないよう体のターンでテークバック。クラブヘッドが真っすぐ動くイメージ

■ 左腕が地面と平行になるまでグリップは体の正面に。このときグリップエンドはターゲットラインの少し内側を指す。クラブが立ち気味に上がってデプスとウィズが両立したトップになる

■ クラブヘッドを後方に落とすようにシャフトを倒す。切り返したときにはシャフトの延長線が飛球線よりも外を指すくらいに積極的にクラブを寝かせるイメージ

ダウンスイング〜インパクト

■ 右太モモの前に手がさしかかってシャフトがおおよそ地面と平行になったときに、シャフトが目標ラインと平行（若干内側でもいい）。ここまできたら体の回転でインパクトに向かうだけ

ハンドパスとクラブパス

バックスイング時に手が通る軌道（ハンドパス）と、ダウンスイング時のハンドパスを主観的に見てみましょう。

アドレスからテークバック（シャフトが地面と平行になるあたり）にかけては、グリップエンドとお腹が、なるべく離れないように引くイメージをもっていただきたいですが、そうすると動きはじめのハンドパスは、ほぼ直線の感覚になります。

でも、実際には体の回転が伴いますから、クラブヘッドは少しずつインサイドに上がっていきます。

手がトップの位置に上がったのちにシャローイングしてくると、ダウンスイングで右ヒジは右肋骨の前ではなく、右ワキ腹もしくはやや背中側に下ります。

ダウンスイングのハンドパスは体から少し離れる

しかし、こうなるとかなり窮屈。このポジションからすごく体が回転すればハンドファーストで打てますが、回転が少ないと先に手首がほどけてクラブヘッドが先に出て、すくい打ち気味の動きになります。

そのためテークバックで手は右太モモすれ

すれの位置を通過していきますが、ダウンスイングでは少し体から離れたハンドパスになります。

インパクト前後に限っていうと、テークバックより少し離れたポジションからインサイドに抜けていきます。

一見カット軌道に見えますが、シャローイングさせているため、ハンドパスは離れてもクラブヘッドはインサイドにあります。腰の回転で手元を内側に引っぱってきたとしても、インサイドから引っぱられるとクラブヘッドはボールに対してインサイドからアタックしてくれます。

手は少し斜め方向に入ってくるイメージ

理解していただきたいのは、**ハンドパスとヘッドパス（ヘッドの軌道）を同じと考え、手もクラブもインサイドからアタックさせようとすると、アウトサイドに振り抜くスイングになる**ということ。

トップからシャローさせ、体の回転でダウンスイングに入ってきたときには、手は少し斜め方向に入ってくるイメージで構いません。

手を真下に下ろしたり、シャローにしようと手元をループさせてインから下ろそうとすると、アウトに振りに出しやすいので注意しましょう。

マキロイは若干ループしますが、腰の回転が止まらないので、体に近いところでヒットできます。強靭な背筋力による高速回転があるからこそできるわけで、一般的には後ろに下ろすと外に出ていきます。

■ 切り返しでシャローにすると、右ヒジが右ワキ腹から背中側に下りる

■ ハンドパスとヘッドパスは違う。手もクラブもインからアタックさせるとアウトに振り抜くことになる

■ 始動時のハンドパスは真っすぐに感じるが、体の回転に伴って少しずつインに上がる

■ 手は体の前に戻るがヘッドは遅れてくる

シャローの度合いによって球筋が変わる

シャローイングするからといって、みんながみんな同じ球を打つようになるわけではありません。シャローの度合いは人それぞれ。それによってクラブの傾きが変わるので、球筋も変化します。

たとえば**ドライバーでいうと、切り返しでシャローしたときにシャフト（グリップエンド）が、ターゲットラインよりも外側を指す人はフェード系、内側を指す人はドロー系になります。**

前者では、ターゲットラインの外を指した段階でフェースは開いています。その状態で腰がちょっとでもバンプするとフェースが開いたまま下りることになるので、腰の回転をかなり先行させる必要があります。

腰の回転とのマッチングがポイント

クラブが倒れているところから左に腰を切ったのでは手遅れで、アウトサイドインのスイング軌道になってしまいます。クラブをたくさん倒しても、たくさん腰が回らないとフェースは戻らないというわけ。通常アマチュアの方は、そんなに腰を回せませんから、倒しすぎはよくありません。

■ 切り返しでクラブを倒したとき、グリップエンドがターゲットラインの外を指す人はフェード系

■ グリップエンドがターゲットラインの内側を指す人はドロー系

フェード系

■ 切り返しからダウンスイングで腰を積極的に回す。クラブを倒すほど腰の回転が必要になる

ドロー系

■ ボールに対するクラブパスがインサイドアウトになるので、フェード系に比べると腰の回転量が少ない

これに対して飛球線の内側を指す後者のシャローでは、ダウンスイングでその位置にクラブが下りてきます。ボールに対してのクラブパスはインサイドアウトになるのでドローが出やすいわけです。ちなみに、腰が回せる人がこのような下ろし方をしても、軌道はまるっきりアウトサイドインになります。

つまり、クラブをうまくシャローに入れられても、腰が回せる人とそうでない人では球筋が変わります。シャローイングは大前提ですが、自分のスイングに角度をマッチさせることが大事なのです。

はじめはスライスやシャンクも出る

シャローイングを身につけていくプロセスに目を向けると、**最初はほとんどの人がフェースを開いたまま打つので、スライスやシャンクが出ます。**トップシャンクみたいなこともあるでしょう。

切り返しでクラブを倒せても、体が回らずに左サイドが伸び、上体が起きて開いたフェースに当たるというメカニズムですが、そういう打球が出ても気にせず、シャローイングできている証拠だと考えて、そのまま練習を続けてください。

次に意識するのは前傾角度や骨盤の前傾。起き上がらないようにしっかり前傾と左のローテーションを入れていけるようにする。

これができると開いたまま入ってきたフェースがどんどん戻って閉じてくるようになります。この段階でダフる人がいるかもしれませんが、それは前傾とは別の話になります。

いずれにしても大事なのは左サイド。体が起きないよう、背中を丸め、自分を縮める感じで左サイドを低くすることです。

シャローイングでは、切り返しでグリップエンドを右斜め45度に向けつつ、力は反対方向に向けないとウィズが保てません。でも、そこはシャローでなくても同じ感覚だと思います。

こういった動きがある程度身についてきたら、満遍なく全てのクラブで練習するべきですが、はじめは7番アイアンくらいで練習するのが適当です。ショートアイアンだと、どうやっても打ててしまうところがあるので、少しシビアに7番くらいでやるのがいいと思います。

■ 切り返しでグリップエンドを右斜め 45 度の方向に向ける

ドライバーはやや右、アイアンはやや左に振り抜く

　ドライバーとアイアンでは、クラブパスとインパクトポイントの関係に違いがあります。これがわかっていないと、せっかくシャローイングできても結果が伴いませんので、念のために少し説明したいと思います。

　ドライバーの場合、自分の正面でヘッドが最下点を迎え、上がりぎわから上昇過程でティアップされたボールをヒットします。いわゆるアッパーブローです。

　ヘッドの軌道を上から見ると、ボールに当たる瞬間は、クラブパスが幾分インに入っていき、目標よりも左側に振り抜かれたタイミングでヒットします。

　自分に対して普通にイン・トゥ・インの軌道で当たると、インパクト時のクラブパスは左向きになるのです（左ページ上図）。

　クラブパスが目標を向く瞬間は左ページの上図のようになりますから、ターゲットラインに対して、やや右に振り抜くイメージが必要になります（左ページ下図）。

　ですから、過度にシャローすると打てなくなります。前項でお話ししたように、**クラブを倒すほど腰を回さなければいけない。腰を回すほど、右に振り抜けなくなるからです。**というわけで、そうなるまで倒す意識はないほうがいいかもしれません。

ドライバーのインパクト

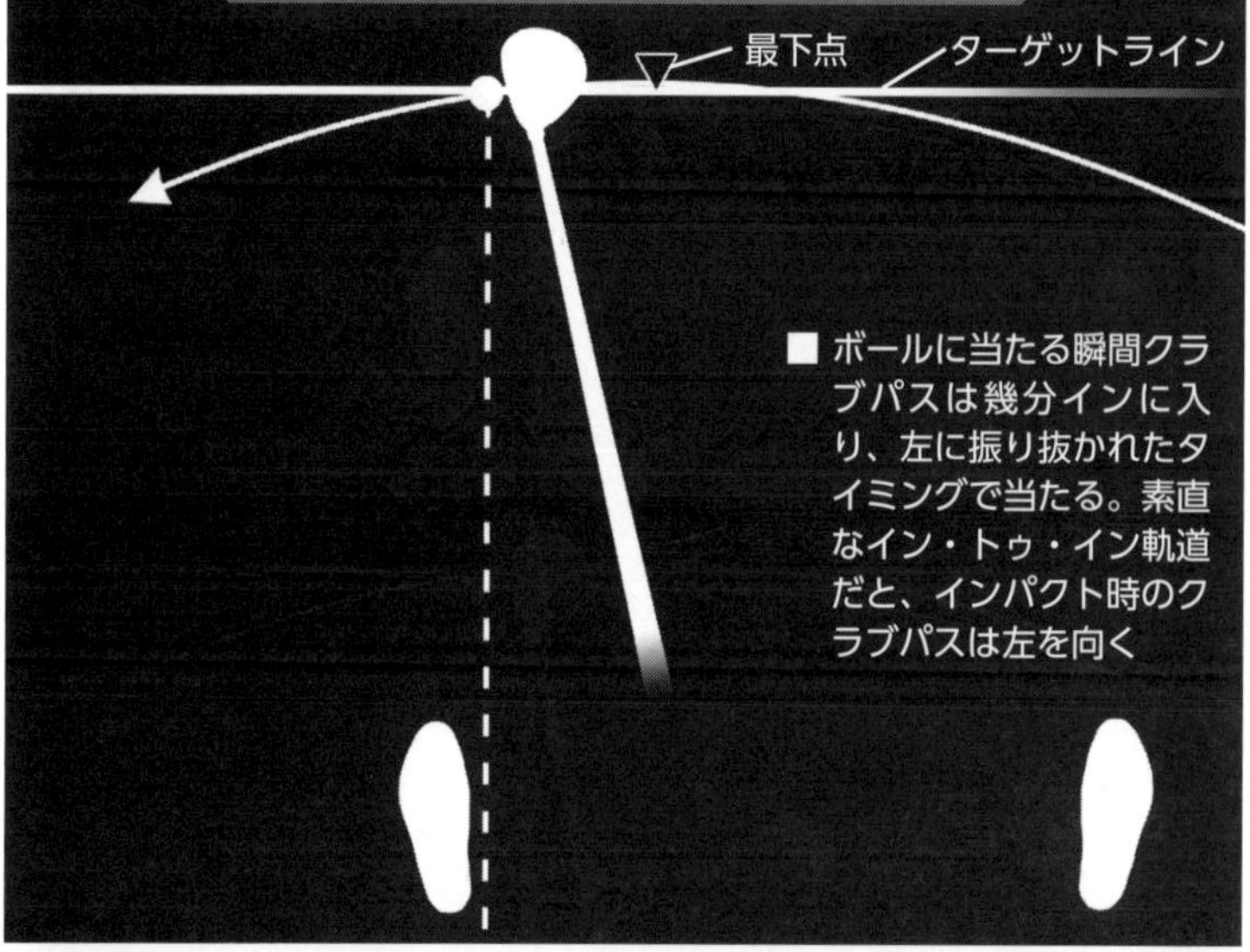

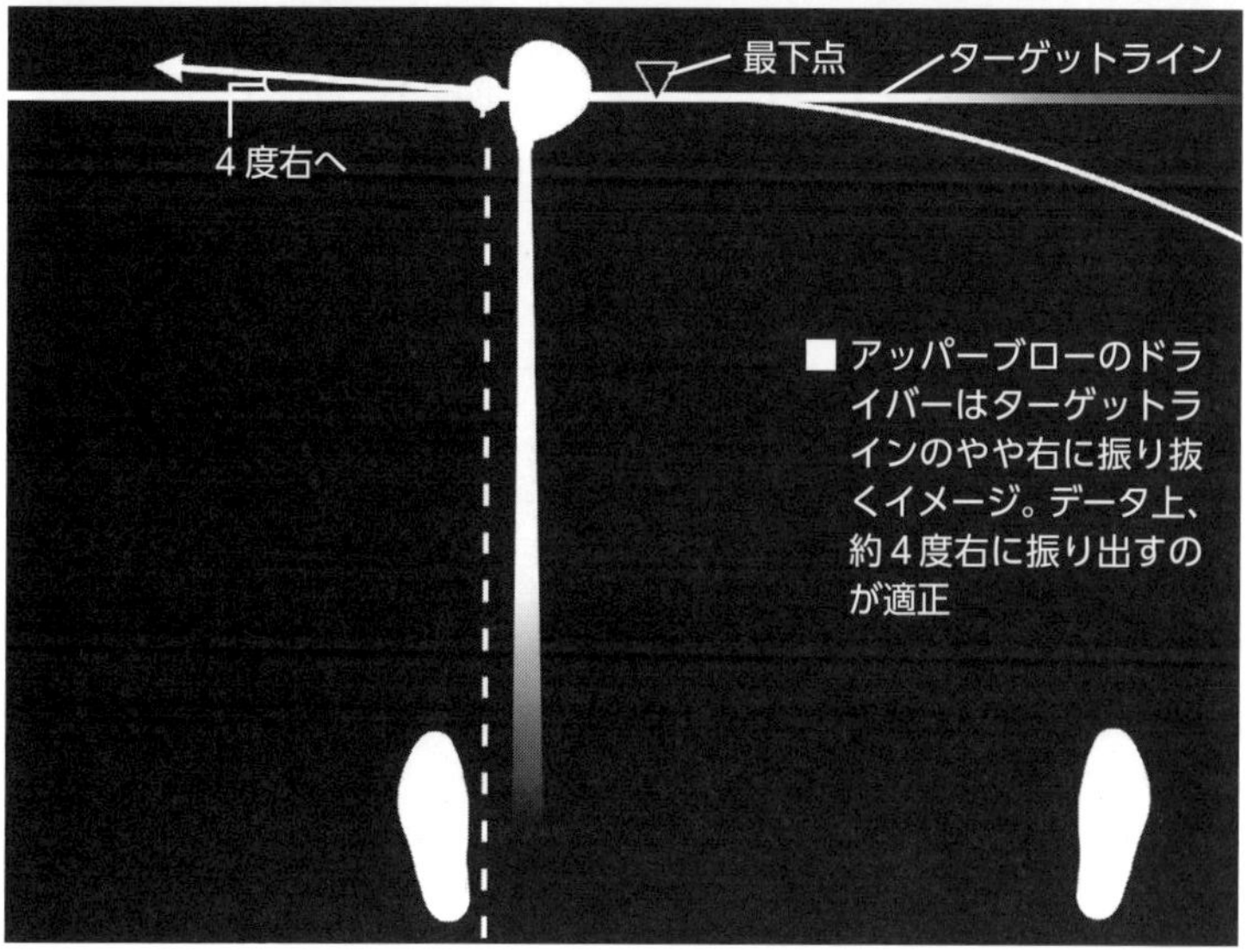

アイアンはハンドファースト フォワードシャフト

アイアンの場合、ボール位置がドライバーよりも内側に入るため、ハンドファースト、フォワードシャフトの状態でインパクトを迎えます。

インパクトの瞬間、グリップエンドの真下はボールの先にきますから、ヘッドが最下点を迎えていないポジションでインパクトすることになります。いわゆるダウンブローです。

この場合ドライバーとは反対で、ボールに当たる瞬間にクラブパスはわずかながら右を向きます（左ページ上図参照）。

つまり、**アイアンは目標よりも少し左方向に振り抜くイメージがないと、クラブパスが直角にボールに向きません（左ページ下図）。**

このように、ドライバーとアイアンではクラブパスとインパクトポジションの関係に違いがあります。

イン・トゥ・インのクラブパスでヒットすると、ドライバーはフェースが閉じていればヒッカケ、ちょっとでも開いているとスライス回転が入ります。こうなると飛ばせませんから、**ドライバーの場合は目標方向より4度右に振り出すイメージをもっていただきたいのです。**

アイアンは地面にあるボールをハンドファーストで打ちますから、目標に対してヘッドを左側に振り抜いていく意識で当てるとフェースが目標を向いた状態になります。

この軌道の違いを考慮して練習するともっといい球が打てるようになります。

アイアンのインパクト

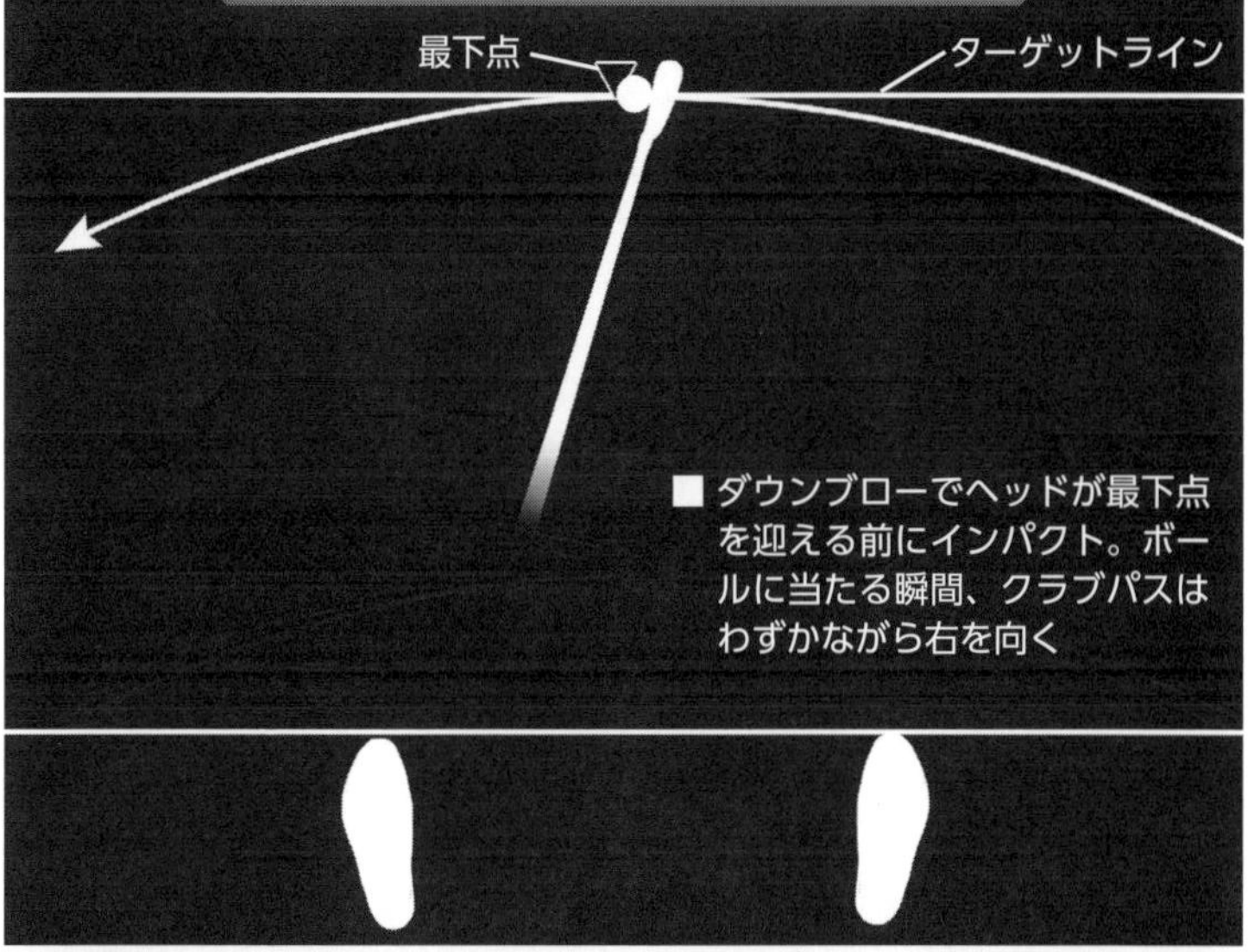

最下点
ターゲットライン
■ダウンブローでヘッドが最下点を迎える前にインパクト。ボールに当たる瞬間、クラブパスはわずかながら右を向く

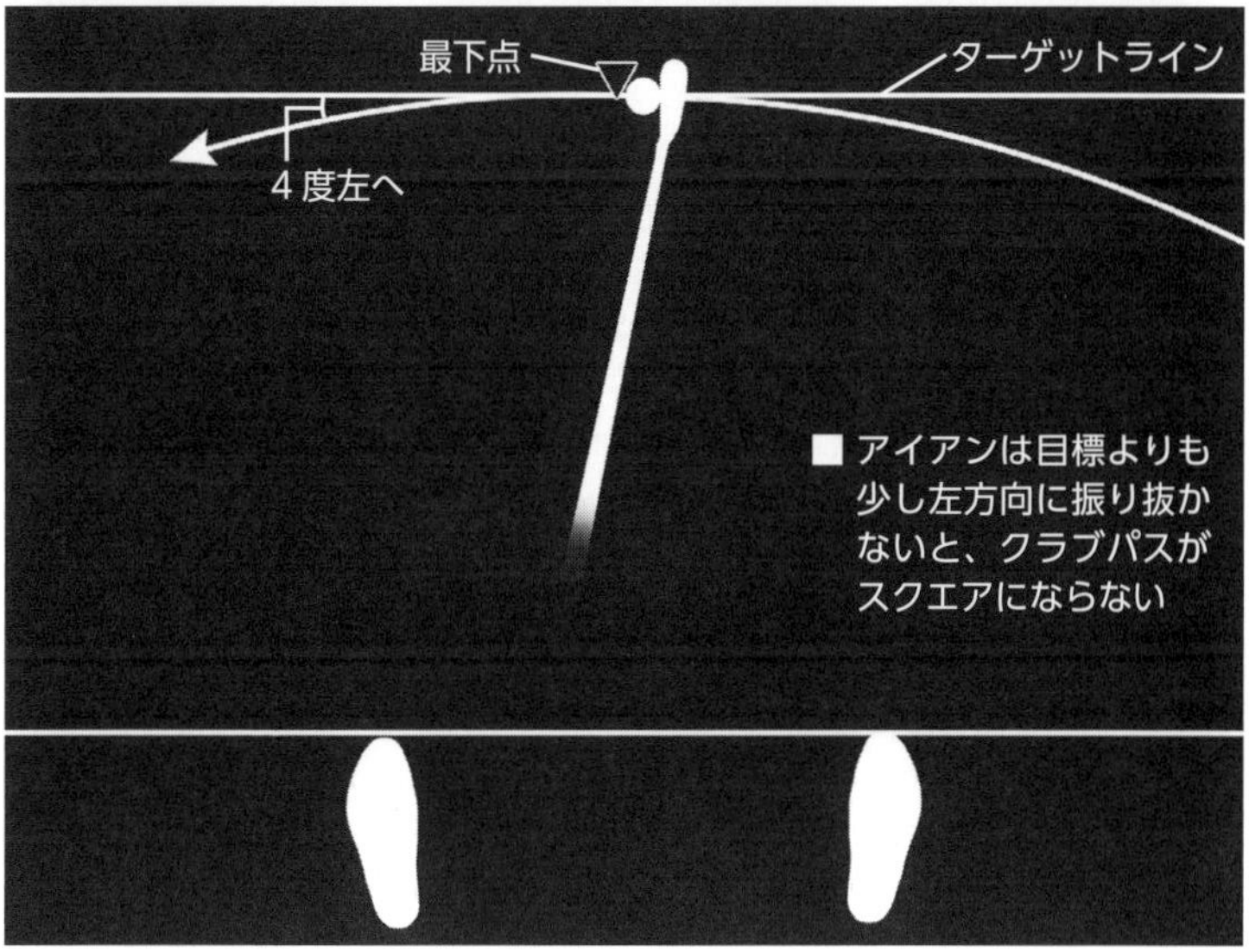

最下点
ターゲットライン
4度左へ
■アイアンは目標よりも少し左方向に振り抜かないと、クラブパスがスクエアにならない

フォローの抜け方でクラブパスをチェック

前項で紹介したことは、飛球線後方から、フォロースルーでどの方向に手元が抜けていくかをチェックするとわかります。

アイアンは基本的にダウンブローで打っていくクラブ。ハンドファーストでインパクトしたあと、体の回転に沿って手が抜けていきますから、フォロースルーで手がお尻の陰に隠れます。

ただし、クラブシャフトやフェースはこの段階では見えていて手が隠れている。ドローやフックを打つ場合は若干変わりますが、普通にストレート系のボールを打つと、このようになります。

これに対しドライバーの場合はフォロースルーでも手が見えています。後方から見てグリップエンドも見えるポジションに振り抜いています。

ダウンブローに打つアイアンは、若干クラブパスがインに抜けるので手元がお尻に隠れる。一方、ドライバーはアッパーブローでインパクトしますから、軌道が若干インサイドアウトになる。軌道はもちろん、スタンス幅が広い、背骨が右に傾いている、といった要素も加わるため、手元が体の陰に隠れずに見えたままでないとフェース面がターゲットに向かないわけです。

ドライバーはインパクト後も手が見える

■ フォローの初期段階でも手が見えている。アッパーブローなので、グリップエンドが見えるポジションに振られる

アイアンは手が体で隠れる

■ダウンブローで打つアイアンは、ハンドファーストでインパクトしたあと、体の回転に沿って手が抜けていく

第6章

シャローイングのトラブルシューティング

スライスする➡インにテークバック、アウトにフォロー

スライスが止まらない人は、基本的にスインングがカット軌道、つまりアウトサイドインになっていますから、シャフトプレーンに対して正しく動かすようにしましょう。

できれば左ページの写真のように、左右に同じ角度で棒やスティックを刺してください。練習場ならばボールカゴの隙間にスティックを差し込んでいただくといいでしょう。

用意できたらクラブがスティックに当たらないポジションに一旦フォローを出します。出したらその位置で両手をグリップして、今度は右サイドのスティックよりもインサイドにテークバックします。振り幅は両サイドでシャフトが地面と平行になる範囲で。

テークバックをインサイドに引いたら、はじめにフォローを出したところに向かって振りましょう。右サイドに刺したスティックのややインサイドに引き、左サイドのスティックのアウトサイドに振り出すわけです。

この素振りを少ししたら、同じように動いてボールを打ちます。やや大げさなイメージで、クラブをインサイドに上げてアウトにフォローを出す。インサイドからボールをつかまえる感覚がつかめ、ボールに対してフェースがスクエアに当たってドロー回転がかかりはじめます。

ややインに引いてアウトに出す

■ インに引きすぎない

■ インに引き込まない

■ シャフトプレーン（スティック）に対してややインサイドにテークバックし、シャフトプレーンに対してアウトに振り出す

ダフり、トップ防止⬇右カカトを上げたまま打つ

ダウンスイングで右サイドが下がるとダフり、ヒザが伸びたり、手元が上がるとトップします。いずれにしても上下動がミスの原因なので、**上下動を抑える工夫が必要です。**

おすすめなのは、右カカトを上げたままボールを打つことです。右カカトが上がっていればダウンスイングで右サイドが低くなりません。やってみるとわかりますが、この体勢で伸び上がると、ボールに届かなくなります。ラウンド中に頻発したら、これをそのままやってもいいでしょう。

足の使い方が影響する場合が多いのでまず下半身をチェックしてください。

■ 右サイドが下がるとダフる

■ 右カカトを上げる

■ 右カカトを上げておくと右肩が下がらないだけでなく伸び上がりも防げる

前傾角度が保てない
↓
壁にお尻をつけて動き、前傾キープをマスター

前傾姿勢をキープするのは、多くの方にとって重要な課題。背骨が起きる傾向がある人は、頻繁なチェックと練習が必要です。

そこで効果的な練習を紹介しましょう。まず壁を背にして立ってアドレスをとりましょう。このとき左右のお尻を壁につけます。

そのままバックスイングしたときに、右のお尻が壁から離れないようにします。離れる人は左前方に体重がかかっている。これだと、ダウンスイングでは体が起き上がりながら引く動きにしかなりません。

右のお尻は壁から離れず、左のお尻が離れるのがバックスイング時の正しい体勢です。

切り返しでは両方のお尻が元の位置に戻り、一瞬アドレス時の接触が再現されます。

そのあと、右のお尻が壁から離れて、左のお尻が離れないままインパクトからフィニッシュへ。フィニッシュでは左のお尻が少し離れても構いません。

ダウンスイングでは左のお尻を後ろに下げるくらいでいい

アマチュアの方の多くはバックスイングまでは正しくできますが、ダウンスイングで骨盤が後傾してお尻が前に出るパターンが多い。

骨盤が後傾する

■ ダウンスイングで骨盤が後傾するとお尻が前に出る。上体が起きて前傾姿勢が崩れる

左のお尻を後ろに下げるイメージ

■ 左のお尻を後ろに下げるイメージでダウンスイングするのが有効。低い体勢を保ってインパクトできる

こうなると前傾角度が起こされて手元が浮きますから、切り返したときに左のお尻が壁から離れないようにする意識をもってください。

極端にいうと、ダウンスイングでは左のお尻を後ろに下げるくらいでもいい。構えたところよりも下がるくらいの感じで切り返せるようになったほうが実際のスイングでは有効。手を振るスペースが確保できるだけでなく、低い体勢でインパクトできます。

反対に、お尻が離れれば体が起き、手が浮いて振るスペースがなくなります。重心が浮いた状態でヒットすることになるため軽い打球になって、どこに飛ぶかわかりません。

ですから、極力低い体勢でインパクトする。インパクトゾーンが低く長くなり、重くてしっかりした方向性のいい打球になるのです。

■ 前傾をキープできると低い位置から地面を蹴る力を使える

トップでクロスする⬇左手のひらを上に向けてトップへ

ダウンスイングでは左手のひらが下向き

バックスイングでフェースを開きながらクラブを上げる、あるいはプレーンに乗せようと、腕をローテーションさせてバックスイングすると、ほとんどの人はトップでクラブがクロスします。

　クロスするとクラブが前に倒れた状態から切り返すことになり、ダウンスイングでスティープになります。

　この状態から無理やりシャローアウトさせようとしてインサイドから下ろすと、クラブが寝すぎて手元が浮き、体が起き上がった状態で打つことになります。

バックスイングで大事なのは、フェースを開いて上げないこと。左手のひらを下向きにするとクラブがかなり寝てしまうので、左手のひらが上を向いた状態でトップまで上げきるイメージをもってください。それでも体が回転しているのでシャフトが立ち、目標に対してクロスしないトップになります。

　切り返しからダウンスイングでは、下半身リードを合図に左手のひらが下向きに変わるイメージで動きましょう。

バックスイング
Check
左手のひらが上向き

切り返し
Check
左手のひらが目標
方向を向く

ダウンスイング
Check
左手のひらが下向き

スエー防止①⬇ヒザのお皿を正面に向けてバックスイング

体の動きに起因するミスで最も多いのはヒザが流れるスエー。バックスイングで右足に体重が乗ると同時にヒザが右に動きます。

確かに右足に体重は乗せますが、右足の外側に乗せるのではなく、**右足内側で体重を受け止めてバックスイングする。これならヒザはもちろん腰もスエーしません。**

イメージ的にはバックスイングで右ヒザのお皿が右を向かない、あるいは右太モモが右に回転しないようにする。太モモの表側やヒザのお皿を正面に向けたまま捻転してください。ちょっとキツいかもしれませんが、できる範囲でこれを実行しましょう。

■ヒザが流れることによるスエー。バックスイングで両ヒザが右を向く

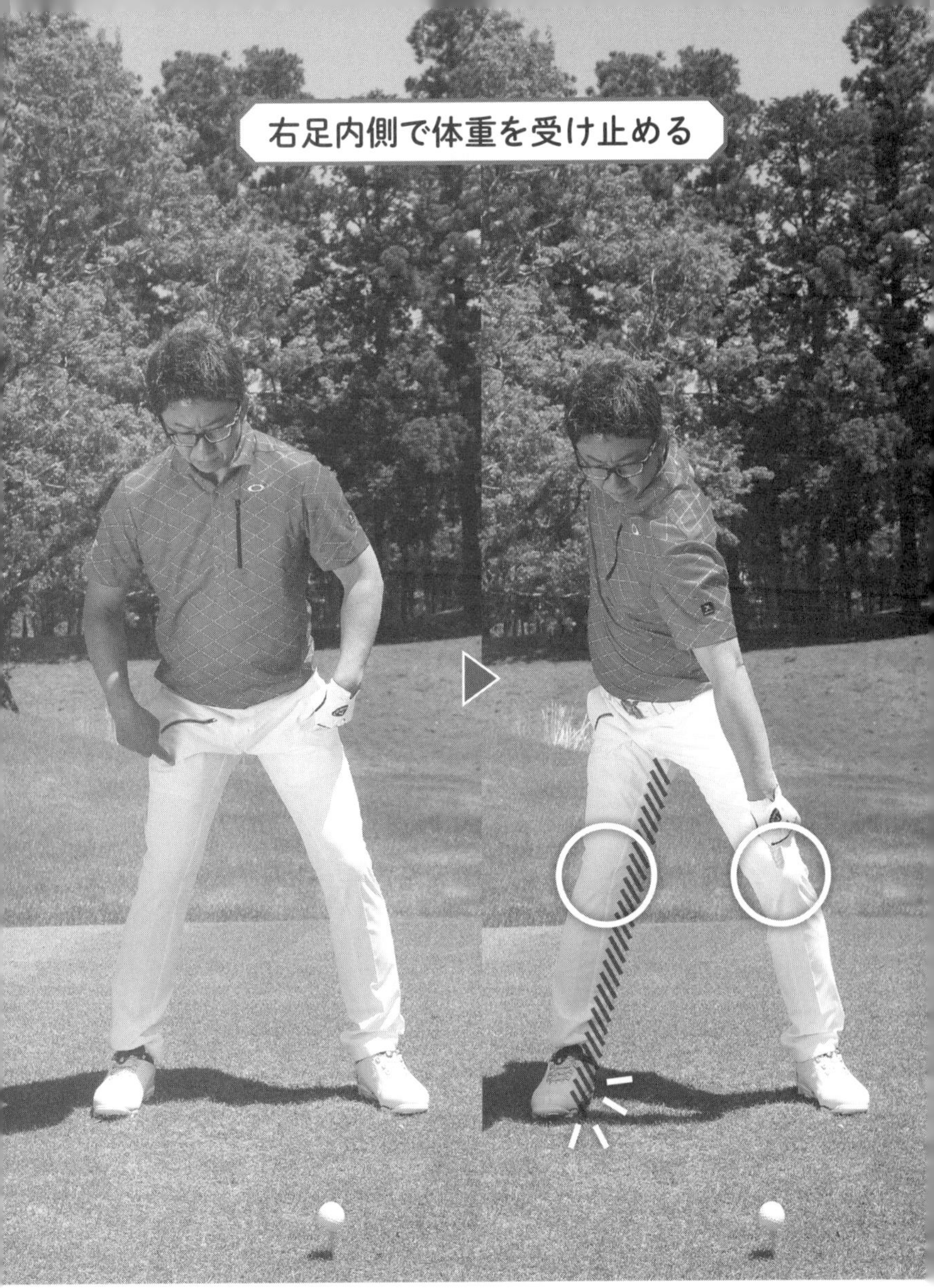

■ 太モモ、あるいはヒザのお皿を正面に向けて捻転。右足内側で体重を受け止める

スエー防止②⬇左右の側屈がスエーをなくす

「肩を深く回す」という人もいますが、これもスエーする原因のひとつ。体がヨコに倒れる側屈が入らずに回転するとバックスイングで頭が右に動いてスエーします。

感覚的には左のワキ腹を縮めながら右に回転するイメージをもつと、前傾したまま肩が回ります。

ダウンスイングはその裏返し。右側屈が入らないと、ただ体が左に回って頭が前に出る。インパクトに向かって上体が突っ込んでいきます。ダウンスイングの過程では、徐々に右ワキ腹が縮んで頭が止まり、結果ターンしていくという流れが正解です。

■ 水平に回ろうとするほどスエーしやすい

側屈すればスエーしない

■ バックスイングでは左に側屈している

■ ダウンスイング～フォローでは右に側屈

飛ばない↓トップからダウンで落差を作る

アマチュアの方は、バックスイングとほぼ同じ軌道にクラブを下ろそうとします。

オンプレーンにしたい気持ちはわかりますが、多くの場合は切り返しの瞬間に手首が伸びてコックがほどけ、アーリーリリースを招きます。

こうなるとヘッドが上に出ながら下りてくるため、高い確率でボールをすくい打つ形のインパクトになる。ヘッドスピードも上がらないので飛びません。

右腕を右回りさせながら下ろす

79ページでは、切り返しでひらがなの「つ」を描くと説明しましたが、このようにすると、正面から見た場合にクラブに落差ができてヘッドが走ります。

この動きを理解するために、右腕を動かしてみましょう。右手一本でバックスイングするように動くと自然にコックが入ります。

トップからダウンスイングでは右ヒジを胸の下あたりに下ろして締めるような感じで前腕を右に回します。正面から見ると手首も少し右回りしている。スイング中にこう動くとヘッドが後ろに倒れてシャローアウトできます。

ダウンスイングの落差

■ 前腕を右に回しながらスクワットする感じでダウンスイングすると落差を作れる

左手でクラブを引きつけない

　ポイントとしてはハーフウェーダウンで左手を目標方向に引っぱる動きが入ると手首がほどけるので、切り返したときに右サイドを引きつけます。

　下半身は左に向かって切り返しますが、右腕は円を描くように自分サイドに引きつけるわけです。

　そうするとクラブが反対方向に動いてタメが生まれるので。タメたまま引っぱってきたものをリリースすればいいのです。

　頭の後ろの上のほうで起きていることなので、かなり意識しないとクラブの動きがわかりません。鏡や動画を見るなりして確認してください。

■ダウンスイングで左手を目標方向に引っぱると、手首の角度がほどけやすい

■ トップからダウンスイングでは、手首が少し右回りしながらクラブが下りてくる

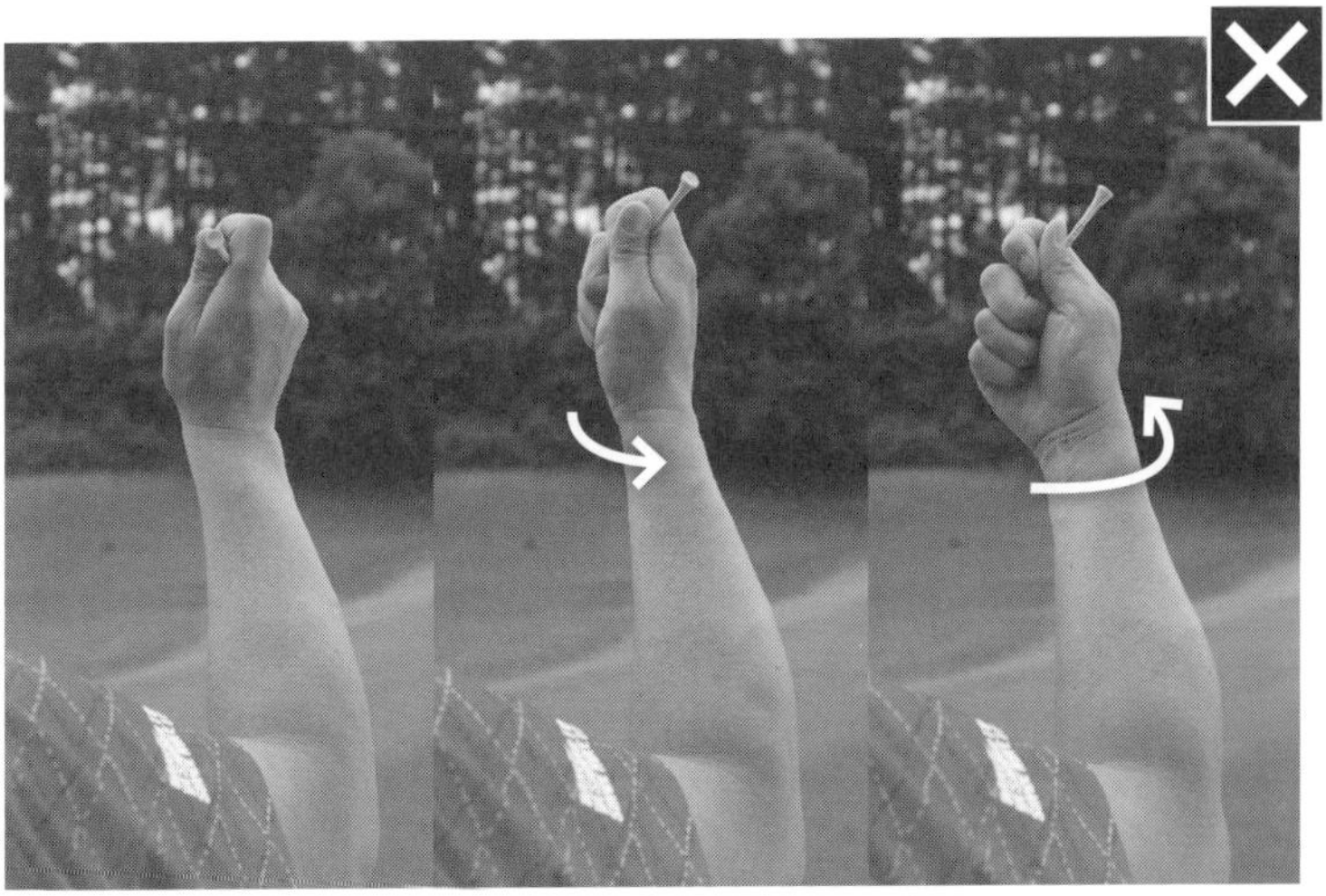

■ 右手のひらが自分に向いてくるようだと、フェースが開く

下半身リードができない⬇左ヒザから切り返し、右サイドでお辞儀をする

切り返しからインパクトの瞬間にやってはいけないことをいくつか挙げておきましょう。「切り返しは下半身リード」とお伝えしましたが、腰を回す感覚が強い人は、トップの位置で多少内側に入った左ヒザを動かさずに腰だけ回そうとします。

左ヒザが元の位置に戻る、もしくはさらに左を向くようにリードできないと、内股スタイルで切り返すことになって腰の回転に急ブレーキがかかります。その結果、体が起きてインパクトが詰まり手打ちになります。

ですから、**切り返すときは必ず左ヒザからスタートすること。**

■ 腰が引けて左ヒザが伸びると上体が突っ込む

そのときに顔が一緒についていくのはＮＧ。右側にお辞儀するようなイメージで切り返すと、ほとんど顔の位置が変わらないので突っ込みません。同時にふところあたりに広い空間ができて、余裕をもってクラブを下ろすことができます。

右腕とクラブの角度は アイアンもドライバーも一緒

スタンス幅が狭いアイアンでは、両足真ん中あたりのボールをヒットしたときハンドファースト＆ダウンブローになります。

ドライバーの場合、左寄りにあるボールを体が右に傾いた状態で打つためアッパーブローになりますが、インパクト時に右腕とクラブでできる角度は、アイアンもドライバーも

■ 左ヒザが目標方向を向かないと、腰の回転にブレーキがかかって体が起きる

■ ダウンで右にお辞儀をすると、顔の位置が変わりづらい。ふところにも空間ができ、クラブを下ろしやすくなる

一緒のイメージです。

ドライバーだけアッパーに当てようとすると、体が立った状態で無理やり手を戻してハンドレートになります。これだとロフトが寝るので打球が上がって飛びません。

ドライバーでは、インパクトの瞬間に顔の位置を右ヒザから右足の上あたりにしたい。ただ、あおり打つわけではないので、右足に体重が残り、右足の上でターンする格好になってはいけません。

上半身は右に残っても、下半身は左に踏み込んでいる状態でヒットしますから、当たる瞬間は左足を強く踏み込んでいます。

腰を左にズラすのではなく、その場で踏み込むだけでいいのです。

■ インパクトで右腕とクラブでできる角度はアイアン、ドライバーともに同じ

ハンドファーストに打てない
↓
アドレスの形を変えずに打つ

アマチュアの方に多く見られるのは、ダウンスイングからインパクトで右腕とシャフトが一直線になる、もしくはクラブヘッドが手元を追い越す形です。これは典型的なすくい打ち。このまま振り幅が大きくなればハンドファーストになりません。

ハンドファーストのインパクトを習得するには、狭いスタンスで左足を少し後ろに引くアプローチのアドレスで、9番アイアンかウエッジを打つのが効果的です。

アドレスは右腕とシャフトで角度ができて気持ちハンドファースト。この形をバックスイング、インパクト、フォローでも変えずに

■右内くるぶしを地面につける感じで右足を内側に倒す。インパクト後もヒザは伸ばさない

打つ練習をしましょう。両ヒザを最後まで柔らかく保ち、ダウンスイングからフォローでは右内くるぶしを地面につける感じで右足首を少し内側に折るようにします。左ヒザはインパクト後も伸ばしません。

片手打ちも効果的

右腕とクラブの角度をキープできない人は、右ワキにヘッドカバーを挟み、左手で右上腕を押さえて体の回転で繰り返し打ちましょう。右カカトが上がって右ヒザが前に出ると反動で頭が前に突っ込みます。これはボールを上から叩こうとしているからで、ヘッドがアウトから下りたり、スイング軌道がズレます。

これができたら、左腕とシャフトが終始一直線になるように打つ。今度は右手で左手首

アドレス

インパクトイメージ

を押さえ、左手が体から離れないようにして打ちます。離れてしまう人は、左ワキにヘッドカバーを挟んで体の回転で打ちましょう。ヒザの動きは右腕で打つ場合と同じです。

左右の手を入れ替えたクロスハンドで打つ

クロスハンドで打つ練習もおすすめです。使用クラブもアドレスも前ページと同様。構えたら左右の手の位置を入れ替えます。

クロスハンドにすると右手首に角度ができます。人によってはパターの構えのように右ヒジと手首が折れ、右ヒジの内側が肋骨に触れるかもしれません。左手はダランと垂らしたところで持ち、右手をお腹につけたまま体の回転で打ちます。

左右の手を逆にするクロスハンドで持つ

手首の角度が終始一定なので入射角が変わらずスピン量も安定する。ライがよければ実戦でも使えます。

慣れてきたらミドルアイアンで小さく振ってミートする練習をし、徐々に体の回転を入れてフルスイングまでもっていく。フォローまでは手首の角度が変わらず、フィニッシュでフルにリリースされます。フィニッシュでは左手が甲側に折れて構いません。

体の回転で引っぱられる軌道を確認し、少し折れた右ヒジが、右ワキ腹に触れた状態でインパクトを迎えるようになればＯＫです。

ドライバーだと、「ダウンスイングで右手に力が入るとクラブが外から下りる」「引き戻そうとするとシャフトが立って空振りしたりトップする」というように「こう振ると当たらない」という感覚がわかってきます。

■ クロスハンドの場合もアドレスと同じイメージでインパクトする

アドレスのままインパクトするイメージ

クロスハンドグリップのショット

すくい打ちになる➡左足の前に置いたボールを打つ

クラブを倒す際に左肩が上がらないようになればダフりやトップはなくなりますが、以前より低い位置からヘッドがボールに向かうため、ダフりそうに感じて体を沈められない人がいるかもしれません。

そんな人は練習場のマットの端にフェースの下の部分を引っかけてインパクトの形を作ってから、ゆっくりスイングして同じところに軽く当ててみましょう。

これを繰り返したら左足の前に置いたボールを打ちます。**左サイドのボールを打つにはヘッドを低くキープしないといけません。打てれば体の上下動はおさまっています。**

■ すくっていると段差にぶつからない

■ マットの段差にフェースを軽くぶつける

■ すくっていると左のボールに届かない

■ 少しでもすくい打っていると、左足前に置いたボールは打てない

■ ボールの位置は左右センターが目安。ダウンスイングでクラブを遠回りさせるようにイメージすることで、シャローアウトしやすくなる

アイアンショット７番正面

■ ヘッドが重い分シャローに下ろせば、フェースターンしやすい。アジャストしなくていいので、方向性がよくなる

アイアンショット7番後方

おわりに

いかがだったでしょう？　本編でも触れましたが、私自身５年ほど前からあらためてシャローイングを前提としたローテーションスイングにトライしはじめ、多くのメリットを享受できるようになりました。その経験も踏まえ、お伝えできることを余すところなく披露させていただいたつもりです。

私がゴルフをはじめたのは14歳のとき。セベ・バレステロスやフレッド・カプルスが来場するからと、父親に誘われて地元茨城にあるセベ・バレステロスＧＣのオープン記念イベントに行ったのがきっかけでした。

野球部員でゴルフには興味がありませんでしたが、ホームランの距離を軽々打つのを見てびっくり。セベとカプルスのドライバーの虜《とりこ》になり18ホールを歩ききると、とどめにセベがボールをくれた。これはもう「頑張ってゴルフをやりなさい」というメッセージだと思い、翌日野球部を辞めました。

高校卒業後、憧れのジャンボ尾崎プロが育った習志野ＣＣで４年半研修生活を送ったあと、地元の練習場に所属させていただきプロテストに挑戦。３回落ち、最後の１回と決めた４回目で合格しました。１９９９年、27歳のときでした。

私がスイングを覚えたのは「スイングは見て盗め」の時代。自分の解釈で試行錯誤しました。なかなか身につかず、スイングを一層難しく考えるようになった結果、習得までに膨大な時間とお金を費やしました。これはアマチュアの方にとっても同様で、つい最近までは悲劇的な状況でした。

しかし、暗黒の時代は終わりました。スイングが科学的に解析された結果、これだけやればある程度のレベルになれるという必要十分条件が明らかになった。その大きな要素がシャローイングなのです。

プロになりトーナメントにも出場した私は、運悪く大病に冒され闘病生活を余儀なくされました。今もその最中。ゴルフはできても試合は病人が通用するほど甘くありません。

そんな境遇でも、愛して止まないゴルフに恩返ししたい。同時に自分がやってきたことを残したい。そう思ってサイトを起こし、YouTube 動画も公開しています。それを観てハワイから習いに来てくれる方がいれば、世界ジュニアで好成績を挙げた子もいます。上達するアマチュアの方々に逆に勇気づけられ、再びトレーニングしてシニアツアーに挑戦したい思いも湧いてきました。

この本が一人でも多くのゴルファーにとって福音になれば嬉しい限りです。みなさんの上達は私にとって最大の喜び、かつ自分を奮い立たせる要因でもあります。ともにステップアップし挑戦していきましょう！

最後になりましたが、本書の出版に当たり、河出書房新社の稲村光信さん、構成者の岸和也さん、菊池企画の菊池真さんには多大なご協力をいただきました。ありがとうございました。

長岡良実

長岡良実（ながおか　よしみ）

◆プロフィール

1972年生まれ。茨城県出身。トーナメントでセベ・バレステロスからボールをプレゼントされたのをきっかけに14歳でゴルフを始める。その後、習志野CCの研修生となり林由郎プロに師事し、1999年にプロテスト合格。現在は関東でレッスンを展開。www.443-golf.com の動画で受講できる「長岡プロのゴルフ知識」では、高い技術と理論をもとにわかりやすいレッスンを展開し、スイング診断も行っている。また動画 YouTube チャンネル「長岡プロのゴルフレッスン」は初心者から上級者、ジュニアゴルファー、プロまでのレッスンを紹介、再生回数ナンバー1の動画があるほど好評。

ゴルフ 世界《せかい》の主流《しゅりゅう》シャローイング
トッププロが実践《じっせん》している新《しん》スイング

二〇二〇年八月二〇日　初版印刷
二〇二〇年八月三〇日　初版発行

著　者……長岡良実

発行者……小野寺優

発行所……株式会社河出書房新社
〒一五一－〇〇五一　東京都渋谷区千駄ヶ谷二－三二－二
電話〇三－三四〇四－一二〇一（営業）〇三－三四〇四－八六一一（編集）
http://www.kawade.co.jp/

構成……岸 和也
撮影……富士渓和春
協力……グレンオークスカントリークラブ
ブックデザイン・組版……原沢もも
編集……菊池企画
企画プロデュース……菊池 真

印刷・製本……三松堂株式会社

Printed in Japan　ISBN978-4-309-28813-0

落丁本・乱丁本はお取り替えいたします。
本書のコピー、スキャン、デジタル化等の無断複製は著作権法上での例外を除き禁じられています。本書を代行業者等の第三者に依頼してスキャンやデジタル化することは、いかなる場合も著作権法違反となります。